湛庐文化 Cheers Publishing
a mindstyle business
与 思 想 有 关

LET MY PEOPLE GO SURFING

The Education of a Reluctant Businessman

冲浪板上的公司

巴塔哥尼亚的创业哲学

[美]伊冯·乔伊纳德（Yvon Chouinard）/ 著
沈慧 / 译

浙江人民出版社
ZHEJIANG PEOPLE'S PUBLISHING HOUSE

图 1 乔伊纳德设备公司的全套岩钉，从小巧的 RURP 岩钉到超大型岩钉。正是这些岩钉帮助 20 世纪 60 年代的攀岩者征服了优胜美地的大岩壁。格伦・丹尼 (Glen Denny)/ 摄

冲浪板上的商界破局者

YVON CHOUINARD

伊冯·乔伊纳德

LET MY PEOPLE GO SURFING

HE EDUCATION OF A RELUCTANT BUSINESSMAN

攀岩界的神级存在，塑造了现代攀岩运动的企业家

1938 年，乔伊纳德出生在美国缅因州一个法裔加拿大人聚集区。为了缓解父亲的哮喘病，1946 年，乔伊纳德一家搬到了加利福尼亚州。对于这种变化，乔伊纳德适应起来并不容易，他开始经常逃课。“历史课是练习憋气的好机会，”乔伊纳德回忆说，“这样我就能在马里布海岸自由下潜到更深的水下，抓好多鲍鱼和龙虾。”不过，也正是从这时起，乔伊纳德开始与登山运动结下不解之缘。在二十世纪五六十年代，攀岩装备并不完备，20 多岁的乔伊纳德决定自己制造攀岩工具。于是，他就买了工具，大刀阔斧地开始了铁匠生涯；后来，干脆自己创办了乔伊纳德设备公司，以设计、制造和销售登山器材开始了商业征程。

Y v o

他和搭档在1969年所做的冰镐如今被陈列在现代艺术博物馆，他们发明的岩塞塑造了现代攀岩运动。

在电影《180° 以南》（*180° South*）中，长镜头真实地跟随乔伊纳德及其最好的伙伴道格·汤普金斯（Doug Tompkins）在1968年从加利福尼亚深入到南美的巴塔哥尼亚，穿越5 000英里无人触及的山脉与海岸，用一场当代的冒险来向乔伊纳德那壮丽的探险生涯致敬。

Chouinard

顶级户外品牌巴塔哥尼亚的创始人，让员工去冲浪的另类老板

巴塔哥尼亚素有"户外Gucci"之称，不管是产品设计、工艺、功能，还是企业责任，都有很好的口碑。作为公司的创始人和所有者，乔伊纳德一直在按照自己的个性经营哲学推动公司的发展。

他的公司不追求无休止地发展，因为他怕那样会摧毁他所相信的绿色价值。公司生产的任何东西都将是质量最好的，都是用最负责任的方式制造的。

当海浪升起或雪花飘下，公司雇员将出现在他们该去的地方：户外。如果雇员的孩子病了，家长也会在他们该在的地方：家里。在位于美国加利福尼亚州文图拉的公司总部，要是你看见有拿着冲浪板的人兴高采烈地进进出出，也千万不要惊讶，他们都是这家公司的员工。"没人知道浪头何时会来。所以，只要起风了、浪头来了，就去冲浪吧。"

在乔伊纳德的公司里，"做最好的产品，杜绝不必要的危害"绝对不是一句空话，他们坚信："在死掉的星球上，没有生意可做"，更无法继续他们为之痴狂的户外运动。

他和搭档在 1969 年所做的冰镐如今被陈列在现代艺术博物馆，他们发明的岩塞塑造了现代攀岩运动。

在电影《180° 以南》（*180° South*）中，长镜头真实地跟随乔伊纳德及其最好的伙伴道格·汤普金斯（Doug Tompkins）在 1968 年从加利福尼亚深入到南美的巴塔哥尼亚，穿越 5 000 英里无人触及的山脉与海岸，用一场当代的冒险来向乔伊纳德那壮丽的探险生涯致敬。

C h o u i n a r d

顶级户外品牌巴塔哥尼亚的创始人，让员工去冲浪的另类老板

巴塔哥尼亚素有"户外 Gucci"之称，不管是产品设计、工艺、功能，还是企业责任，都有很好的口碑。作为公司的创始人和所有者，乔伊纳德一直在按照自己的个性经营哲学推动公司的发展。

他的公司不追求无休止地发展，因为他怕那样会摧毁他所相信的绿色价值。公司生产的任何东西都将是质量最好的，都是用最负责任的方式制造的。

当海浪升起或雪花飘下，公司雇员将出现在他们该去的地方：户外。如果雇员的孩子病了，家长也会在他们该在的地方：家里。在位于美国加利福尼亚州文图拉的公司总部，要是你看见有拿着冲浪板的人兴高采烈地进进出出，也千万不要惊讶，他们都是这家公司的员工。"没人知道浪头何时会来。所以，只要起风了、浪头来了，就去冲浪吧。"

在乔伊纳德的公司里，"做最好的产品，杜绝不必要的危害"绝对不是一句空话，他们坚信："在死掉的星球上，没有生意可做"，更无法继续他们为之痴狂的户外运动。

地球税的倡议者，坚定的环保急先锋

2016 年 11 月，巴塔哥尼亚将“黑色星期五”那天的店铺和 patagonia.com 网站上的销售总额的 100%（1 000 万美元）捐赠给了环保机构（巴塔哥尼亚中国总代理也将当日巴塔哥尼亚店铺和天猫旗舰店的销售总额 100% 回馈给了中国 1% 地球税会员 NGO 组织）。

2017 年初，巴塔哥尼亚宣布扩大“Worn Wear”（万维修补）计划，并新增了一个用于转售的在线平台，鼓励商品再利用……

巴塔哥尼亚公司经常会资助和组织环保活动。他们还会对所有新材料进行环保评估，除此之外，公司还让员工到国外的环保组织实习。

2001 年，乔伊纳德就与蓝带蝇饵商店所有人克雷格·马修斯共同创立了“1% 地球税”企业联盟，每年捐出公司营业额的 1% 给环保组织。早在 1985 年，巴塔哥尼亚公司便开始将 10% 的税前利润或 1% 的销售额（以较大值为准）捐赠给环保组织了。

今天，让“1% 地球税”企业联盟发挥更大的作用已成为乔伊纳德最重要的事情。“我会尽我的全力做好它，因为它将有可能成为一场革命。”现在，“1% 地球税”企业联盟的成员已经超过 1 200 家，这个数字仍在不断增加。这个致力于环境保护的商业联盟，已捐赠了超过一亿美元给全球 3 300 多个环保组织。

“革命就是从基层开始的，”乔伊纳德充满了信心，“每个人都可以拯救地球。”

莫让他千山独行

钱小军，清华大学经济管理学院副院长

第一次听说巴塔哥尼亚这家公司，是在两年前给清华 MBA 学生上“企业经营与可持续发展”选修课之时。课程要求学生们按小组选择一家公司，并对其可持续发展实践与经营表现做深入的调研和分析。有一组成员多为来自欧洲的交换生，他们选择了巴塔哥尼亚公司作为自己的研究对象。虽然只有 10 分钟的小组展示，但是巴塔哥尼亚在可持续发展方面与众不同的理念与实践给我留下了深刻的印象。因此，当有机会读到《冲浪板上的公司：巴塔哥尼亚的创业哲学》书稿时，我第一时间打开文件，几乎是不停歇地读完了这本由巴塔哥尼亚创始人伊冯·乔伊纳德撰写的公司传记。

企业到底应该为谁负责

读完整本书，这句话在我脑中挥之不去。在日常生活中，作为消费者，我们本能地觉得企业应该对顾客负责；作为企业的管理者或经营者，这个负责任的对象也许会变为股东或雇员。在这本书中，伊冯·乔伊纳德提出了这个问题，并通过描述他的创业经历、反思他的创业哲学，把这个问题的答案楔进了读者的大脑，仿佛巴塔哥尼亚公司最初生产的超级坚固耐用的岩钉。

“我们会说不是以上任何一种。从根本上说，企业对其资源基础负有责任。没有健康的环境，就没有股东、雇员、顾客，也没有企业。”阅读此书并了解巴塔哥尼亚公司创立至今的全部经历之后，你会发现，作为这家企业的创始人和掌舵者，伊冯·乔伊纳德的这句话并非写在企业社会责任报告开篇的空洞口号，而是他和他所领导的巴塔哥尼亚笃行环境责任的理念基础。

“在经商 35 年后，我知道了我为何要经商”

20 世纪 90 年代初，巴塔哥尼亚公司在快速增长、扩张的过程中，遭遇了法律纠纷、国际业务亏损、传统销售渠道（邮购）陷入困境等问题。公司不得不暂停发展势头，因热爱户外运动而进入户外运动装备生产行业的伊冯·乔伊纳德带着这些问题，向咨询顾问迈克尔·卡米博士（Dr. Michael Kami）寻求帮助。当时，卡米博士未能为公司的困境提出解决方案，可他促使伊冯·乔伊纳德开始面对和思考一个问题：为何要经商?

经商赚钱最重要的目的是能有钱向各类环保组织捐款、支持环境事业、用手头的资源来挽救这个世界的命运。这是对的、好的，也是实话，可是，这就足够了吗? 伊冯·乔伊纳德这样问自己。

在经商 35 年后，在试图解决公司所面临的种种问题时，伊冯·乔伊纳德和他的同事们认识到，他们真正想做的是，“将巴塔哥尼亚塑造为一个典范，可以让其他公司在探索环境管理和可持续发展时有所参照，就像我们的岩钉和冰镐成为其他装备制造商的参照一样”。

自此，目标明确、思路清晰的巴塔哥尼亚公司将在困境中确定下来的公司哲学切实落实下去，熬过了困境，在经济大环境衰退的时候，反而蓬勃发展起来。它们用简单的一句话来概括，就是“做最好的产品，杜绝不必要的危害，通过企业活动激发并实施应对环境危机的解决方案”。

“你不需要再买一副”

为实现更好地保护环境的目标，巴塔哥尼亚开始改变自己的营销哲学。他们“不遗余力地为顾客提供各种机会，让他们自己修理装备，为装备找到新的主人，或在必要的时候回收装备”；他们在公司网站上发布了40多份巴塔哥尼亚产品的免费修理指南，并设立修理中心，专门为消费者提供修理服务。他们甚至不鼓励顾客再多买一件巴塔哥尼亚的夹克。

秉持这样非同寻常营销哲学的企业肯定凤毛麟角，但也不是绝无仅有。我之所以这样肯定，是因为我自己就是这样一家企业的顾客。多年来，我一直在同一家眼镜店配制我的眼镜，从近视眼镜、墨镜到老花镜。我之所以成为这家眼镜店的忠实拥趸，并一直为其做义务推广，但凡家人或身边的亲友、同事有配眼镜的需求时，都热心推荐这家眼镜店，即使这家店远在我所居住的庞大城市的另一端，每去一次都需要不少时间；其中当然有这家店质量可靠、价格合理、服务周到的原因在，但我跟前难道就找不到另一家同样质量可靠、价格合理、服务周到的眼镜店吗？

这家眼镜店的于我不可替代的更重要的原因，源于每次接待我的那位经理。

以我作为消费者的经验，他不能说是绝无仅有，也至少可称难能可贵。有一次，我因特别喜欢上一次购买的墨镜，专程过去想再买一副，以便一个常备车里，一个随身携带。可是，这位经理对我说：“你不需要再买一副。随身携带随时用，一副就够了！”他竟然让我空手而归。又有一次，我的眼镜度数变得不合适，想重新配一副。还是这位经理，我做完检查后，他说：“度数的确不合适了，需要重新配，可你的镜框还完好，只需要购买镜片换上即可。”

这位经理估计从没有听说过巴塔哥尼亚，可是，他却不折不扣地是伊冯·乔伊纳德的同路人，正如书中所说：

> 因此，当我们想要购买任何东西时，不妨既作为生产者，也作为消费者问问自己：这有必要买吗？
>
> 我们对地球最大的善行就是尽可能长久地使用我们的物品。

不以盈利为最重要的目的，制造好的产品，努力做到物尽其用，引导顾客成为负责任的消费者。这样的企业经营者，自然会让人萌生敬意；这样的企业，才能获得顾客最高层次的信任与追随。

令人遗憾的是，在中国（甚至全世界），这样的企业太少了。

近年来，企业社会责任与可持续发展已经成为广为人知的概念。有报告表明，2016年有关中国企业社会责任的报告数量大约为1710份，与2006年的32份相比，总数已经增加了52倍多。然而，作为一个企业社会责任和可持续发展的研究者，我觉得很遗憾的是，貌似繁花似锦、热闹非凡的企业社会责任事业，实则很多只是为企业公关和形象服务的门面装饰，或者是应付政府要求的应景之作。

2001年中国加入世贸组织（WTO）后，更多中国企业开始迈向全球化发展，从而必须开始学习如何遵守国际规范——企业社会责任是中国企业获得海外认可的一种途径。继2008年发布《关于中央企业履行社会责任的指导意见》之后，2016年7月，国资委又发布了《关于国有企业更好履行社会责任的指导意见》，这极大地推动了中国国有企业履行社会责任的实践。在全球化发展的要求下，越来越多的中国企业开始定期发布企业社会责任报告，很多企业也因此受到赞誉和嘉奖。

然而，能发布花团锦簇的企业社会责任报告并不一定表明发布该报告的企业真的对社会与环境负起了应尽的责任。每一家企业都应该如巴塔哥尼亚那样，不断反躬自省，逼问自己，是否已经将可持续发展的意识落实到企业日常管理和产品设计、生产与销售方方面面各个环节；是否像巴塔哥尼亚那样，真正做到了企业经营过程的每一个毛孔中都渗透着保护地球生态环境的意识，从公司的理念、使命，到日常运营的每一个战略决策、细节行动，都时刻警醒着要肩负这份责任?

“我们对世间万象负有无限的责任”

伊冯·乔伊纳德说，“做最好的产品”是巴塔哥尼亚存在的意义和理由，也是巴塔哥尼亚经营哲学的基石。

为了定义什么才是“最好”的产品，巴塔哥尼亚有一个标准清单。清单上的问题包括：

> “谁需要它”“有必要买吗”“它耐用吗”“它能修吗”“它合身吗”“它简单吗”“产品线简单吗”“是创新还是发明”“它是全球性的吗”“它容易保养

吗”“它有增值服务吗”“它值得信赖吗”“它有美感吗”“我们只是在跟风吗”“我们在为核心顾客设计吗”“它会造成不必要的伤害吗”“它是有机棉吗”“每个方面都考虑到了吗”“染料有毒吗”，等等。

这些问题是每一个巴塔哥尼亚的设计师必须考虑的问题，他们据此判断一件产品是否达到“最好”这个标准。虽然略有点剧透，但我还是忍不住在本文中把这些问题全部摘抄了出来。因为，作为一个消费者，我也很想把这些问题铭刻心中——这样的问题不仅拷问作为企业是否在生产最好的产品，尽量少地向地球索取；也在提醒每一个消费者，是否是一个负责任的消费者。

什么是负责任？每一个生产环节都尽可能地减少对环境的损害，减少消耗，生产高质量、耐用的产品，这就是负责任的生产者；根据这样的标准挑选并使用“最好”的产品，尽可能长久地使用，减少浪费，就是负责任的消费者。反之，生产者急功近利地追求眼前利润，制造质量低下的产品，并不遗余力地推销给消费者；消费者毫无节制地大量购买这些产品，并不负责任地处置、抛弃这些物品，这样的恶性循环，是对地球的犯罪啊！

虽然长久以来，人类一直在以各种各样损害地球环境、破坏环境资源的方式生产并生活着，即使自带环保基因的巴塔哥尼亚也无法独自做到对环境的回馈不小于索取；虽然，哪怕我们也在面对问题、做出种种努力，但这种生产、生活方式的改变在可见的将来仍未可期……

不过至少，无论是企业的创立者、经营者，还是普通的消费者，我们都可以读一读这本书，从自己和自己的企业做起，学习巴塔哥尼亚，“永远没法做到对社会完全负责，永远没法生产出完全可持续、不造成任何破坏的产品，但它一直在矢志不渝地尝试”。只有越来越多的企业和个人都能够像巴塔哥尼亚这样，保护地球家园的目标才有可能实现。地球只有一个，这个美丽星球既是你的，也是我的，更是我们的后代的，生活在这美丽星球上的每一个人都有责任珍惜她、保护她，而不是无止境地消费她、破坏她。

巴塔哥尼亚一直在竭力实践着，莫让他千山独行。

LET MY PEOPLE GO SURFING

推荐序II

The Education of a Reluctant Businessman

如果是为了生活而购物，而不是为了购物而活着，那会怎么样？

娜奥米·克莱恩（Naomi Klehin），记者、畅销书作家

> 对一件东西循环利用而不是立即丢弃，
> 如果背后的理由正当，则是一种爱的善举，
> 并表达着我们自身的尊严。
>
> ——
>
> 教皇方济各（Pope Francis），2015 年通谕《愿你受赞颂：保护我们共同的家园》（*Laudato Si': On Care for Our Common Home*）

请保护那些你所热爱的事物，河流、山峦、一件夹克衫、一双登山靴。这一切都很重要，因为这一切都与你息息相关。阅读伊冯·乔伊纳德的文字，你可以清楚地感受到：在认为物品可以挥之即去和认为制造物品的人可以挥之即去这两种观念之间存在着紧密的联系。同样，在我们如何丢弃物品和我们如何毁掉地球之间也存在着一种联系，因为地球正是所有这些物品的最终来源。

作为一名记者，我不会为任何跨国企业背书，即便是像巴塔哥尼亚这样的“绿色”企业。在对全球供应链进行多年的大量研究后，我知道，即便是最富有社会良知的企业也有肮脏的秘密，有些秘密甚至连公司总部也不了解，这就是泛滥成灾的业务外包的本质。在经济发展对人类生存环境造成如此深重破坏的时代，任何一家公司的善行都只能是杯水车薪。

不过，对于推荐这本佳作，我倒是没什么顾虑。因为这本书尝试去做的不仅是改变一家企业，而且是去挑战造成全球生态危机的核心问题——消费文化。从我的第一本书《No Logo：颠覆品牌全球统治》面世算起，我已经花了 20 年时间调查企业的漂绿问题，所以我知道一如此书这样的尝试有多罕见。

我研究过的无数案例中，包括维珍航空、耐克、苹果等在内的众多企业，都会把自己包装成有社会责任感甚至是代表社会革命力量的形象，以此进行宣传营销。但我从来没有见过一家企业会告诉顾客不要再买一件他们的夹克，或是会为顾客的旧夹克提供免费维修服务，再或是会反对诸如“跨太平洋伙伴关系协定”这样本可以提高他们利润的贸易协议。

这本书之所以吸引我，是因为它反映了一种真诚的探寻，即努力去化解市场对经济不断增长的需求和地球对获得喘息的需求之间的紧张对立。在此我也必须对读者坦承：在我看来，这种对立得到解决的前景仍不明朗。毕竟，巴塔哥尼亚在不断扩张，我们也在不断购买它的产品，而这家公司也并不是没有荼毒全球供应链的劳工丑闻。不过，有一点绝对明朗，那就是伊冯·乔伊纳德的尝试是史无前例的，因而是值得我们密切关注的。因为巴塔哥尼亚并非上市公司，所以它的管理层才得以进行这种尝试。

这种尝试的成功与否，与我们有着无上的利害关系。对此，我在我的上一本书《天翻地覆》（*This Changes Everything: Capitalism vs. the Climate*）中已经提到。以下是对相关文字的简要回顾。

20 多年来，各国政府一直在谈论如何防止气候变化，同时，他们又在篡改数据，对启动时间争执不休。现在，所有这些暧昧不清和拖延懈怠已经造成了不容置疑的灾难性后果。1990 年，联合国就已经正式开始协商拟定气候条约，但到 2013 年，全球二氧化碳的排放量却比 1990 年高出了 61%。[1]

2009 年，在哥本哈根气候峰会上，包括美国在内的主要污染国签订了一份非约束性协议，许诺以我们开始用燃煤推动经济发展前的气温为基准，保持气温增长不高出 2℃。但由于这些政府不愿意树立具有约束性的目标，他们尽可以自由地无视自己的承诺。他们也确实这样做了。事实上，现在看来，二氧化碳的排放量增长得如此迅速，除非我们的经济结构发生剧变，否则，2℃似乎只是一个乌托邦般的幻梦。敲响警钟的并不仅仅是环保人士，世界银行在 2012 年发表重要气候报告时提出警告："我们正在朝着一个温度抬升 4℃的世界稳步前进，在那样一个世界里，极端的热浪将会四处汹涌，全球粮食储备会持续下降，生态系统和生物多样性会遭到更多破坏，上涨的海平面也将不断威胁地球生命。"报告还警告说："我们也并不一定能做到适应一个变暖 4℃的世界。"廷德尔气候变化研究中心（Tyndall Center for Climate Change Research）前主任（现副主任）凯文·安德森（Kevin Anderson）更加直言不讳，他说，变暖 4℃"不符合一个有序、公平、文明的地球村的任何合理表征"。

我们并不能确切地知道一个变暖 4℃的世界是什么样子的，但即使是最好的情况，也可能是灾难性的。到 2100 年，变暖 4℃可能会使全球海平面升高一米，甚至可能是两米（在未来的数个世纪中，这种趋势将会延续，从而使海平面至少再升高几米）。一些诸如马尔代夫、图瓦卢（Tuvalu）这样的岛屿国家会因此覆没，许多滨海地区也会被淹没，包括厄瓜多尔、巴西、荷兰、美国加利福尼亚州和东北部的大部分地区，以及南亚和东南亚的大片狭长地带；可能遭到淹没威胁的大城市包括波士顿、纽约、大洛杉矶地区、温哥华、伦敦、孟买、中国香港和上海。[2]

与此同时，可能会使成千上万人殒命的汹涌热浪会在除了南极洲以外的所有大洲内成为普遍存在的夏日插曲，富裕国家也无法幸免。热浪还会造成全球范围内主要作物产量的锐减，印度小麦和美国玉米可能会遭遇高达 60% 的产量减幅；但到那个时候，对这些作物的需求又会随着人口增长和肉类需求的增长而急剧攀升。如果再在这一团乱麻中加上毁灭性的飓风、狂暴的野火、没落的渔业、被大规模破坏的水源、物种灭绝和肆虐全球的疾病，就的确很难想象一个和平、有序的社会还能得以延续了（当然，前提是一开始就有这样一个社会）。

需要谨记的是，这些还只是比较乐观的情况，即全球气温提升会被稳定在 4℃左右，且没有因触发任何引爆点而失控。不少主流分析员认为，按照我们目前排放量的发展态势，我们甚至在逐渐走向升温超过 4℃的世界。2011 年，一向遇事不惊的国际能源署 (IEA) 发布了一份报告，预测我们实际上是在朝着变暖 6℃的趋势发展。如国际能源署首席经济学家法提赫·毕罗尔（Fatih Birol）所言："所有人，甚至是学童，都知道这会给我们带来灾难性的后果。"[3]

各种预测席卷而来，就像家中的所有警报同时响起，接着一整条街上的警报也都响了起来，一个接一个，一个接一个。这些预测传达的信息很简单，即气候变化已经成为人类的一项生存危机。

由于我们只能事后分析，所以很难确定未来是否会是另一番面貌。如今，我们一方面大规模地长距离出口产品（并一路上不停地燃烧碳），另一方面世界各地又在输入一种极其浪费的生产、消费和农业模式（同样是基于对化石燃料肆无忌惮的燃烧），这两方面已经成为我们这个全球化时代的“双生花”。换句话说，我们从地球得到前所未有、数量庞大的化石燃料，这些化石燃料为世界市场的解放提供了能量，而这个世界市场的解放又加速了北冰洋的融冰进程。

廷德尔中心的凯文·安德森以及其他一些排放专家指出，如此大量的二氧化碳已经在大气中积聚了 20 年，要使气温增幅控制在国际上达成一致的 2℃的目标之内，我们只能寄希望于富裕国家将排放量逐年降低大约 8%～10%。在一个需要不断通过经济增长才能延续的经济模型中，进行此类削减，尚不存在先例。[4]

所有这些都意味着我们的经济系统和我们的行星系统正在互相对垒。或者更准确地说，我们的经济正在与地球上许多生命形式对垒，包括人类。要避免气候恶化，就需要人类紧缩对资源的使用；而要避免经济模型崩塌，却需要依靠不受限制的扩张。这些规则中只能改变一套，而要改变的绝不是自然法则。

面对种种困难，我们会有胜算吗?

如果我们有胜算，那也不会是因为我们学会了怎么做一个“有伦理”的消费者，而是因为我们找到了一些购物以外的事情可以去做，比如开展改变世界发展规则的社会运动和政治活动，或者参加非消费活动并从中汲取深层的喜悦。这些活动可以是亲近自然，也可以是与我们所爱的人共度时光。

这就是我们能从伊冯·乔伊纳德的漫长旅程中学到的独特之物。对大自然的热爱和渴望更热烈地去体验大自然的欲望，驱使着乔伊纳德制造了第一套攀岩装备系列。现在，这种热爱显然仍在驱使着他，也在驱使着我们在这本书中阅读到的许多其他人。如果我们都能将自己的消费产品视为帮助自己活出真实人生的工具，而不是真实人生的替代品，那么我们要获得幸福，就只需要少得多的产品；而且我们也会更长久地保留那些自己已经拥有的东西。

如果我们中有足够多的人能够做出这样的转变，就有可能保住我们最需要的东西——一个继续滋养、保护和延续全人类的星球。

巴塔哥尼亚，打破传统之道

知而不行，是为不知。

——

王阳明

2005 年，我撰写《任性总裁的成功创业法则》（本书第一版的中文译名）的初衷是为巴塔哥尼亚的员工提供一本有关企业哲学的指南。那时我怎么也没想到，这么一本普通的书会被翻译成 10 种语言，还被用于高中和大学教学，对一些大企业也产生了影响，甚至哈佛大学还对我们公司进行了一项案例研究。我们一直将巴塔哥尼亚视为一个以非传统之道经营企业的尝试。我们都不确定公司能否成功，但我们确切地知道我们对“按传统方式经营企业”并不感兴趣。然而，巴塔哥尼亚幸存了下来，甚至还繁荣了将近半个世纪。如果算上我们的第一家公司——为登山者提供装备的乔伊纳德设备公司（Chouinard Equipment），这段历史甚至更长。现在，

图3：早晨在马里布冲浪，下午在斯托尼波因特攀岩。 1955 年，加利福尼亚，罗杰·科顿·布朗（Roger Cotton Brown）/摄

图5：40年后，仍然在锻铁车间里捣鼓。蒂姆·戴维斯（Tim Davis）/摄

我们公司的名字是“Patagonia Works”，旗下包含一家服装公司“ Patagonia, Inc.”以及一家食品公司“Patagonia Provisions”。我们还投资参与了另外几家志趣相投的创业公司。颇具讽刺的是，我们已经成为一家自己未曾梦想并且一度不想成为的大公司。

我们仍是一家家族企业，并继续享受着我们的工作；而且我也不觉得在成为大公司的过程中，我们曾有过不得不需要在价值标准上妥协的情况。**我们无意去背弃原则或者寻求上市，因为那样会不利于行使我们的使命，即“通过企业活动激发并实施应对环境危机的解决方案”。**

2005 年以来，地球的状况一直都不是很乐观。在发达国家，公众越来越意识到，因为我们的所作所为，全球变暖的形势越来越危急。尽管有各种铺天盖地的报道、书籍、电影，以及来自科学家的警告，甚至连军方都说全球变暖是威胁人类安全唯一、最大的隐患。然而，政府、企业乃至个人仍然继续拒绝采取有效的措施来扭转局面。更让人忧心的是，盖洛普（Gallup）在 2007 年和 2008 年所做的民意调查显示，全世界有多达 38% 的人从未听说过全球变暖或对此没有任何概念。[5]

尽管全球范围内一些大型企业已经为减少环境足迹付出了巨大的努力，但所有关于地球环境状况的全球指标仍然指向继续恶化的方向。全球足迹网络（Global Footprint Network）估计，目前，地球更新诸如干净的水、干净的空气、耕地、健康的渔业资源以及稳定的气候等必要“服务”的能力已经超负荷 150%。1973 年巴塔哥尼亚成立时，世界人口是 40 亿，现在已经超过了 70 亿，而到 2053 年预计将达到 90 亿，[6] 但这还不是最令人咂舌的部分。

与此同时，这些人口的财富正以 2.5%～3% 的速度逐年增长。到 2050 年，我们对资源的利用将会超出地球自我更新承载能力的 300%～500%。你不需要 MBA 文凭就能知道这意味着资不抵债，也就是破产。

世界经济依靠政府运转，而这些政府又受到了大型跨国企业的控制，这样的世界经济有赖于不断发展的经济和增长的利润。我们在让地球更加绿色、更加可持续上所取得的成效正在被经济增长大大地抹杀，经济增长就像房间里的那头大象，确确实实存在，人们却又闭口不谈。

现在，随着全球变暖、对资源的不可持续性利用、全球财富的分布不均等诸多问题的出现，已经“万事俱备”，经济和环境模式发生破坏性调整时的所有特征均已出现。从古至今，帝国崩塌时的情势都遵循着同样的特征。如果将全球化和资本主义想象成一个巨大的“帝国”，那么这个帝国崩塌所产生的影响将是极其深远的。

LET MY PEOPLE GO SURFING

第二版前言

The Education of a Reluctant Businessman

巴塔哥尼亚，打破传统之道

知而不行，是为不知。

——

王阳明

2005 年，我撰写《任性总裁的成功创业法则》（本书第一版的中文译名）的初衷是为巴塔哥尼亚的员工提供一本有关企业哲学的指南。那时我怎么也没想到，这么一本普通的书会被翻译成 10 种语言，还被用于高中和大学教学，对一些大企业也产生了影响，甚至哈佛大学还对我们公司进行了一项案例研究。我们一直将巴塔哥尼亚视为一个以非传统之道经营企业的尝试。我们都不确定公司能否成功，但我们确切地知道我们对“按传统方式经营企业”并不感兴趣。然而，巴塔哥尼亚幸存了下来，甚至还繁荣了将近半个世纪。如果算上我们的第一家公司——为登山者提供装备的乔伊纳德设备公司（Chouinard Equipment），这段历史甚至更长。现在，在 70 多年鲁莽的极限运动生涯中，我经历了足够多的生死考验，现在已经接受自己有一天终将死去的现实。我对此并不感到困扰。所有的生命都有始有终，正如人类所有的事业都有兴衰起伏。

物种进化，又接连消亡；帝国崛起，又分崩离析；企业扩张，又衰落倒闭。这种规律，无人能避。对此，我全盘接受。然而，让我痛苦的是自己要目睹地球的第 6 次物种大灭绝，而我们人类是直接造成各种珍奇生物和宝贵本土文化消亡的罪魁祸首。看到人类自身的困境，我更加感到悲哀，我们似乎无力解决自己面临的难题。

当社会中的恶势力越来越多，并越来越强大时，我们意识到，作为一家规模越来越大、影响力越来越广的公司，我们也需要担负起更多的社会责任，为成为一家更有责任感的公司付出更多的努力。

为了做到这些，我们在过去 10 年中所做的以及在接下来的数十年中计划要做的事催生出了这本修订版。

图2

图 2：戈壁滩中的灰熊，它们是值得我们去努力保护的品种。 乔·里斯（Joe Riis）/ 摄

图3：早晨在马里布冲浪，下午在斯托尼波因特攀岩。1955年，加利福尼亚，罗杰·科顿·布朗（Roger Cotton Brown）/摄

LET MY PEOPLE GO SURFING

第一版前言

The Education of a Reluctant Businessman

巴塔哥尼亚，打造负责任的企业

我已经做了近 60 年的商人。对我来说，要说出这句话，就像要某些人承认自己是酒鬼或是律师一样困难。我从没有看重过这份职业。敌对自然、破坏本土文化、劫贫济富、以工厂污水毒害地球，需要对这些承担大部分责任的正是我所从事的商业活动。

然而，商业活动也会生产食品、治疗疾病、控制人口、创造就业机会，并且能够使我们的生活普遍变得富裕起来。企业可以在积累这些善行并从中获取利润的同时不丢失自己的灵魂。这就是本书要讲的内容。如同很多在 20 世纪 60 年代长大的美国人一样，我是在对大企业和依附他们的马屁精政府的鄙视中长大的。比父辈赚更多的钱，或是成立一家公司，将其尽快发展壮大并上市，然后退隐到休闲世界的高尔夫球场上享受生活，这是典型的年轻共和党人的美梦，然而却从未吸引过我。我接近自然，热情地参与被有些人称为冒险运动的活动，这些影响了我的价值观。

我的妻子马琳达（Malinda）和我，还有巴塔哥尼亚其他叛逆的员工们，已经从这些运动、从自然、从我们另类的生活方式中吸取了很多教训，并将这些教训用在了公司的经营中。

我的公司巴塔哥尼亚是一个尝试。关于地球母亲的现状，很多末日审判式的书籍都有涉及，这类书提出了各种建议并告诉我们，为避免自然的毁灭和文明的崩塌，我们必须当机立断去实施这些建议；我的公司之所以存在，就是为了将所有这些建议付诸行动。我们的环境已临近崩盘，尽管科学家们对此已达成了几乎普遍的共识，我们的社会却仍然缺乏采取行动的意愿。冷漠、怠惰和缺乏想象力已经使我们集体麻痹。巴塔哥尼亚的存在就是为了挑战传统智识，并展示一种新型的负责任的企业形象。现在人们所接受的资本主义模式需要无休止增长的经济，它造成了环境的破坏，我们认为这种模式必须被取代。巴塔哥尼亚及其 2 000 名员工有能力也有意愿向这个商业世界证明，为所应为能够打造优秀的盈利企业。

本书第一版的写作花费了 15 年时间，因为我们用了 15 年来向自己证明：我们能够打破传统商业的规则，我们尝试的经营方式不仅有效而且更优异，尤其是对于那些想要持续经营到下个世纪的公司。

扫码关注“湛庐教育”，
回复“冲浪板上的公司”，
观看巴塔哥尼亚的创业实践，
并获取本书各部分注释

图 4：1957 年，我们在墨西哥圣布拉斯（San Blas）的这座海边小屋住了一个月，吃着鱼和热带水果，拍打着拟蚊蠓、蚊子和蝎子，并用当地教堂的祈祷蜡烛给冲浪板上蜡。 乔伊纳德／收藏

目录

LET MY PEOPLE
GO SURFING

图5：40年后，仍然在锻铁车间里捣鼓。蒂姆·戴维斯（Tim Davis）/摄

History

1

巴塔哥尼亚的创业实践

我一直在避免把自己定位为一个商人。我是攀岩者、冲浪者、皮划艇和滑雪爱好者，还是铁匠。如果不得不成为一名商人，那我就要按自己的规则来。我们不曾刻意与墨守成规、压抑创造力的传统企业文化决裂，我们仅仅是在努力坚守自己的传统。

LET
MY
PEOPLE
GO SURFING

小时候，没有一个孩子会梦想成为一名商人，他们会梦想成为消防员、受赞助的运动员或护林员。商业世界的科赫兄弟和唐纳德·特朗普们，只会是一些有同样价值观的商人的英雄。我小时候的梦想是成为一个毛皮猎人。

我的父亲来自魁北克（Quebec），是一位法裔加拿大硬汉。父亲只上了三年学就不得不开始在家庭农场里干活，那时他只有 9 岁。10 岁时，因为父亲是 9 个兄弟姐妹中最勤快的，所以他的父亲带着他去了缅因州，开始在工厂干活。之后的日子里，父亲做过泥水匠、木匠、电工和水管工。对一个只有小学三年级文化的人来说，这挺不赖。在我出生的地方——缅因州的里斯本（Lisbon），父亲在沃伦坡毛纺厂（Worumbo Woolen Mill）学会了修理织布机。我觉得我继承了他对高强度体力劳动的热爱，以及对高品质尤其是精细工具的喜爱。我童年记忆中最深刻的一幕就是，看着他坐在厨房里紧挨着烧着柴火的炉子喝威士忌，然后用他的电工钳给自己拔牙，拔出来的既有坏牙也有好牙。他需要假牙，但又觉得当地牙医收费过高，而这些事情他自己就能轻松搞定。

我觉得在学会走路前我就已经学会了攀爬。在我们租的房子的楼上，住着西马德神父（Father Simard），他会鼓励我爬上楼梯，然后给我一勺蜂蜜作为奖励。我大概 6 岁的时候，哥哥杰拉尔德（Gerald）带我去钓鱼，他偷偷在鱼线末端缠上了一条 25 厘米长的梭鱼，让我相信那是我钓到的。自那以后，我就迷上了钓鱼。

在里斯本，几乎人人都是法裔加拿大人，7 岁前，我一直在一所说法语的天主教学校上学。

我有两个姐姐——多丽丝（Doris）和瑞秋（Rachel），一个比我大 19 岁，另一个比我大 11 岁。小时候，哥哥在军队服役，而父亲又总是在工作，所以我是在女人堆里长大的，我也一直比较喜欢那样的氛围。我母亲伊冯（Yvonne）是家里面比较有冒险精神的那个，我们 1946 年搬去加利福尼亚就是她的主意，她希望那里的干燥气候能让我父亲的哮喘好一些。

我们拍卖了所有的财产，包括我父亲手工制作的家具。在一个令人感伤的日子里，一家六口挤上了那辆家用克莱斯勒车，一路向西驶去。在 66 号公路沿途，我们停靠在了一户印第安人的泥盖木屋前，母亲拿出了为旅途准备的玉米，把它们全都给了一个霍皮[①]妇女和她饥肠辘辘的孩子们。这或许是我人生中接受的第一堂慈善课。

到伯班克后，我们和另一家法裔加拿大人住在一起，而我也被送去了公立学校。我当时是班上个子最小的学生，不会说英语，而且，因为有个“女孩的名字”，不得不总为自己辩护。所以我做了一件大概所有的未来创业者们都会做的事情：我逃跑了。

父母把我转到了一所教区学校，那里的修女可以给我更多的帮助。那年，我的成绩单上每门课都是 D。语言和文化的差异让我变得孤僻，放学后大部分的时间，我都是一个人度过的。当邻居家的孩子们还被大人劝告不要独自过马路时，我却早已可以骑上十几公里的自行车，去到一个私人高尔夫球场里的湖边。我会藏在柳树下以躲避保安，还会在湖边钓太阳鱼和鲈鱼。后来，我发现了城市中的荒野之地：格里菲斯公园（Griffith Park）和洛杉矶河。每天放学后，我都会去那儿叉青蛙、抓小龙虾、用弓箭猎捕白尾灰兔。夏天，我们经常在一个泛着泡沫的深水潭里游泳，一所电影制片厂的胶片冲洗室通过排水管将污水排放到这里。如果我得癌症的话，病因很可能要追溯到那个时期。

高中最糟糕了。我长粉刺、不会跳舞，除了手工课，对任何科目都不感兴趣，而且还有点叛逆，放学后总是受罚留校。身为一个麻烦鬼，我经常得把“我不会再……”之类的句子写上大概 500 遍。当时就已经萌生出企业家开创精神的我会用棍子和橡皮筋把三支铅笔并排绑在一起，这样就能一次写三行了。我在棒球和足球这样的运动中表现出众，但当有人观看应该好好表现的时候，又会漏球。我很小就悟到，最好能发明自己的游戏，这样就总会成为赢家。在洛杉矶周边的海洋、小溪和山坡上，我发现了属于自己的游戏。

有时候，数学课很无聊，我只能瞪着天花板，试着把穿孔吸音板上的所有洞眼数上一遍。历史课则是练习憋气的好时候，这样周末我就能在马里布（Malibu）海岸自由下潜到更深的水下，抓好多鲍鱼和龙虾。而上汽车修理课时，我会躺在修车躺板上，

① 霍皮（Hopi）是美国的一个土著部落，原本居住在亚利桑那州的东北部。——编者注

滑到正在修理的车底下，只在漂亮女孩来点名时出来看一下她的美腿。

我的一些不合群的伙伴们，还有几个成年人，包括音乐老师罗伯特·克莱姆斯（Robert Klimes）以及毕业于加利福尼亚大学洛杉矶分校的汤姆·凯德（Tom Cade），一起成立了南加利福尼亚驯鹰俱乐部，在俱乐部里训练打猎用的鹰和隼。春天的每个周末，我们都会去找鹰巢。有时候，我们会为政府在雏鹰的脚上套上标识环，或者自己抓一只雏鹰来训练。我们俱乐部促成了最初加利福尼亚驯鹰法规的出台。

那是我性格成型的关键时期。一个 15 岁大的男孩必须得做陷阱逮住一只野生苍鹰，陪熬一整晚，直到鸟儿终于产生充分的信任愿意在他的拳头上入睡。之后，他也只能使用正强化的方法来训练这只骄傲的鸟儿。这时，禅宗大师肯定会问："被训练的到底是谁？"

俱乐部中的一个成年人唐·普伦蒂斯（Don Prentice）是一个攀岩者，他教我们如何用套索下降到猎鹰位于悬崖的高巢。我们之前通常只是抓住绳子，用双手一步步向下爬，但他向我们演示了如何把马尼拉绳（从电话公司偷来的）缠在臀部并搭在肩膀上来控制下降。我们觉得那简直是最棒的运动，于是不断地进行练习、改进和创新。我们还给自己做了填充了皮革的绳降专用服装，这样就能降得越来越快。有一次，我把三根绳子系在一起，想做一次超长距离的绳降。当我到达第一个绳结的时候，绳结跟我脖子上的套索缠在了一起。由于马尼拉绳很重，我没法把套索拉过绳结。我的双手紧紧抓着绳子，双腿交缠在绳子上，就这样过了一个多小时。就在我快要放弃、准备摔死的时候，套索通过了绳结，我降落到了地面，身体抽搐了起来。这是我最早的濒死经验之一。

我们会跳上开往圣费尔南多谷（San Fernando Valley）最西端的货运火车，去斯托尼波因特公园（Stoney Point）的砂岩壁练习绳降。我们没有专业的装备，也没有登山靴，只是穿着普通运动鞋，或者赤着脚。

我们从来没有生出过爬上岩壁的念头，直到有一天我在斯托尼波因特的一块烟囱式岩壁上练习绳降的时候，看到了一个塞拉俱乐部（Sierra Club）的家伙在往上爬！于是，我们向唐·普伦蒂斯询问了更多的攀岩建议，那年我 16 岁。

图6

图7

图 6：乔伊纳德一家在加利福尼亚伯班克的第一天。 1946 年，乔伊纳德 / 收藏
图 7：南加利福尼亚驯鹰俱乐部的部分成员，右边举着苍鹰的是我。 1956 年，乔伊纳德 / 收藏

图8：在圣费尔南多谷的斯托尼波因特练习绳降。20世纪50年代早期，乔伊纳德/收藏

就在那个6月，我开着自己在汽车修理课上改装的1940年产福特车去了怀俄明州（Wyoming）。我还记得，在38℃的气温下，我独自开车穿过内华达沙漠，经过因为高温而打开引擎罩、停在路边的奥兹莫比尔（Oldsmobiles）和凯迪拉克，感觉非常舒畅。

我和唐·普伦蒂斯以及另外几个年轻的朋友在怀俄明州的派恩代尔（Pinedale）碰了头，然后，我们背着背包徒步进了风河山脉（Wind River Range）的北部。我们想要登上怀俄明最高的甘尼特峰（Gannett Peak），但因为没有指南书，后来有点迷失方向。我想从西边上山，而其他人想爬上一些冲沟后往北走。于是我们分头行动，我单枪匹马地爬上了西面的一些峭壁。那天的最后，在雷雨中，我穿着鞋底光溜溜的西尔斯（Sears）工作靴在陡峭的雪地上一步三滑地独自登了顶。

接着，我又从派恩代尔开车去了提顿山脉（Tetons），把那个夏天剩下的时间都用在了学习攀岩上。最后，我还说服了两个来自达特茅斯（Dartmouth）的家伙让我加入他们，他们正计划去爬西姆特瑞峰（Symmetry Spire）上的坦普尔顿裂缝（Templeton's Crack）。在这之前，别的攀岩者都因为我缺乏经验拒绝了我的加入，所以我这次就没有细说自己过往的经历。这是我第一次真正意义上使用绳子攀岩，但我就这样不懂装懂、硬着头皮上阵了，哪怕是在他们让我带头爬难度最大的绳距时也是如此。那是一条湿漉漉、黏糊糊的裂缝，他们给了我一些岩钉和一把锤子，一开始我完全不知道怎么用，但最后还是琢磨了出来，总算对付了过去。那次旅行后，我每年夏天都要去提顿山脉爬上三个月山。现在回头去看这些在攀岩上的初步尝试，有时候会觉得我能活到现在真是一个奇迹。

我还会在提顿山脉钓鱼。17岁的时候，我在攀岩学校的小屋边看到了格伦·艾克萨姆（Glenn Exum）在教他儿子艾迪（Eddie）飞钓。格伦是个登山向导，也是山谷中的攀岩传奇。他的抛饵动作十分优雅，还擅长用假蝇饵钓鱼。当看到我在旁边看时，他喊道："过来，孩子！"接着就开始教我怎么抛饵。我扔下了自己的纺车轮直柄竿套装和超级好的鱼饵，从此就只用假蝇饵钓鱼了。

1956年从高中毕业后，我在一所社区大学上了两年学，同时还在我哥哥那里兼职打工，他当时开了一家名叫"迈克·康拉德"（Mike Conrad and Associates）的私人

图9

侦探社。霍华德·休斯（Howard Hughes）是侦探社的主要客户，侦探社的大部分委托都是些偷偷摸摸的小把戏，比如追踪休斯手下不计其数“小明星”的动向，看守游艇并确保其“无菌”，帮休斯隐藏踪迹好让他不用因为环球航空的一桩官司受到法庭传唤等。

学校放假时，我会开着自己用 15 美元买来的 1939 年的雪佛兰，跟朋友们一起去巴哈[①]荒野或者墨西哥大陆的沿海冲浪。这辆车的车胎在一次旅行中爆了 19 次，之后，我们往后轮里塞上灌木和野草，一步一挪地撑过了最后的 20 公里，到达了马萨特兰（Mazatlán）。因为水质不好，我们总是生病，但又买不起药，于是就把营火烧剩下的木炭磨成粉末混进一杯含半杯盐的盐水中，将其当成催吐剂喝下去。

很快我就意识到，如果我在余生中都要喝脏水、吃发展中国家的路边摊和集市上的东西，那就最好适应这一切。对旅行者常犯的腹泻和贾第鞭毛虫病产生天然免疫力可不是一件容易的事，但如果你拒绝服用甲硝唑（Flagyl）和抗生素、不喝用碘净化过或用氯消过毒的水，免疫力就会渐渐产生。这有点像顺势疗法。所以即便是现在，

① 巴哈（Baja）在此处指的是墨西哥北部的下加利福尼亚（Baja California）半岛，与美国接壤。——编者注

图 9：格伦·艾克萨姆，登山向导、音乐教师、擅长用假蝇饵钓鲑鱼的优秀钓手。 1983 年，乔伊纳德 / 收藏

我还是会喝我钓鱼的小溪里的水（除了有死三文鱼的河），而且很少会因此生病。

回到加利福尼亚后，冬天的周末我便在斯托尼波因特游玩，春秋季则待在棕榈泉的塔奎兹岩（Tahquitz Rock）。在那儿，我遇到了几位塞拉俱乐部的年轻攀岩者：赫伯特（TM Herbert）、罗伊尔·罗宾斯（Royal Robbins）、汤姆·弗罗斯特（Tom Frost）、鲍勃·坎普斯（Bob Kamps）等。最终，我们从塔奎兹迁到优胜美地（Yosemite），那里的大岩壁几乎还没有人爬过。

1957 年，我去废品站买了一个二手的烧煤锻炉、一个约 63 公斤重的铁砧以及一些钳子和锤子，开始自学打铁。我们要在优胜美地攀登一些大岩壁，一次攀登就要耗费数天，需要安放上百个岩钉，于是我想自己制作攀岩装备。那时候，所有的攀岩装备都是欧洲货，那些软铁岩钉的使用方法被设计成只能使用一次并需要被永久留在岩石上，因为欧洲人对于攀岩的态度是“征服”。所有工具都被留在原地，这样之后的攀岩者爬起来就会更容易。如果你想取出岩钉再次使用，岩钉头通常会裂开。

而我们美国攀岩者是读着爱默生、梭罗和约翰·缪尔这些超验主义作家的作品长大的。你去爬山或是探访无人之境，但却不留下任何显示你曾经来过的痕迹。

瑞士铁匠兼攀岩者约翰·萨拉瑟（John Salathé）曾经用旧福特 A 型车的轮轴制作过更好的岩钉，他使用这些岩钉首攀了优胜美地的洛斯特阿罗峰（Lost Arrow Chimney），但之后他没有继续制造岩钉。

图 10：我在伯班克的第一个车间外锻造岩钉。背景里的冲浪板是我用软木和玻璃纤维做的，最后我用它换了一个福特 A 型车的引擎。 1957 年，丹·杜迪（Dan Doody）/ 摄

图11

图12

图 11：优胜美地的攀岩先驱兼铁匠约翰·萨拉瑟。他的公司 Peninsula Ironworks 的商标是一个传统的“钻石 P”，这正是乔伊纳德设备公司的商标“钻石 C”的灵感来源。 *汤姆·弗罗斯特 / 摄*
图 12：手工锻造的“洛斯特阿罗”岩钉。加长型可以被当作岩钉、拧动螺丝的扳手或岩塞使用。*奥拉夫·安德森（Olaf Anderson）/ 摄*

图13

图14

图 13：一年夏天，当待在怀俄明的提顿山脉时，我和攀岩伙伴肯·威克斯把这个垃圾焚化炉打扫干净并住在里面。 1958 年，罗琳·邦尼（Lorraine Bonney）/ 摄

图 14：在提顿山脉露营。那个娘娘腔充气床垫不是我的。 1958 年，乔伊纳德 / 收藏

我的第一批岩钉是用收割机上的旧铬钼钢刀片制作的，在早期攀登优胜美地的洛斯特阿罗峰和哨兵岩（Sentinel Rock）北面时，我和赫伯特使用了这些岩钉。这些岩钉更坚硬、结实，很适合凿入常见于优胜美地的刚刚开裂的岩缝，也能被取出进行重复利用。我为自己和一起攀岩的几个朋友制作了这些“洛斯特阿罗”岩钉，后来朋友的朋友也想要。我一小时只能打两个铬钼钢岩钉，于是就开始以每个 1.5 美元的价格销售。你可以以 20 美分的价格买到欧洲产的岩钉，但如果你想像我们一样进行高水准的攀岩，就得用我的新工具。

我还想做个更牢固的快挂，于是 1957 年向父母借了 825.35 美元购买落锻钢模。我开车去了美铝公司（ALCOA）位于洛杉矶的总部。那时我 18 岁，留着一脸大胡子，穿着李维斯牛仔裤和凉拖鞋，手拿一把精确到 35 美分的现金。美铝公司的人不太知道该怎么用他们的系统处理现金，但他们还是替我做了落锻钢模。

父亲帮我将伯班克房子后院的一个旧鸡棚改造成了小车间。由于大部分工具都可以随身带着，所以我会在车上装好行李，沿着大苏尔（Big Sur）和圣迭哥（San Diego）之间的加利福尼亚海岸线来回旅行。我会在这些地方冲浪，然后把铁砧卸到海滩上，用冷凿和锤子打 V 形岩锥，接着再开到下一个冲浪海滩。我靠翻垃圾桶和回收汽水瓶赚到了汽油钱，有一次还找到了差不多一冷柜的半冷冻肉。

接下来的几年里，冬天的时候我就做装备，4 ~ 7 月则都在优胜美地的岩壁上度过，夏天就去怀俄明和加拿大的高山以及阿尔卑斯山避暑，然后秋天再回到优胜美地，在那里待到 11 月下雪的时候。那些年里，我靠卖汽车后备箱里的装备度日，但盈利很少。有时一连几周，我每天就靠 50 美分或者一美元过活。一年夏天，在去落基山脉前，我和我的朋友肯·威克斯（Ken Weeks）从旧金山一家卖破损罐头的商店那儿买了两箱被压坏的猫粮罐头。除了猫粮，我们的补充食品还包括燕麦、土豆、地松鼠、蓝松鸡和像托洛茨基一样被冰镐刺杀的豪猪。一年至少有 200 天，我都睡在自己的旧军用睡袋里。直到快 40 岁的时候，我才买了一个帐篷，因为我更喜欢露天睡在圆形巨石上和高山冷杉低垂的树枝下。

图15

图 15：乔伊纳德设备公司的第一批快挂完全是在西尔斯罗巴克公司（Sears & Roebuck）的钻床上做出来的。 巴塔哥尼亚公司 / 提供

1958 年，我和肯·威克斯在加拿大的八格堡山峰（Buga-boos）攀岩，非常需要补充蛋白质，于是我们开始吃地松鼠。我们用的是典型的童子军诱捕器——把食物放在罐子下面，上面压块石头，用棍子把罐子的一端支起来。松鼠进入诱捕器后，就拉动连在棍子上的线。但之后怎么把罐子底下那只郁闷的松鼠弄出来呢？方法就是，在罐子周围浇一圈无铅汽油，然后点燃汽油，这样就会耗光罐子里的氧气。等上一两分钟，掀开盖子，里面就只剩下一只死松鼠了。

在优胜美地，我们把自己叫作“山谷中的越共”。超过两周的露营时限后，为了不被护林员发现，我们就会在四号营地后面东躲西藏。攀岩和攀冰瀑在社会上不产生任何经济价值，我们却为此感到特别自豪。我们是消费文化的反对者，认为政治家和商人是肮脏污秽的，而大公司则是万恶之源。自然世界是我们的家园，我们心目中的英雄是欧洲的攀岩者加斯顿·里布法特（Gaston Rebuffat）、里卡多·卡森（Riccardo Cassin）和赫尔曼·布尔（Hermann Buhl）。我们就像居住在生态系统边缘的野生族类——适应性好，恢复力强，坚韧不拔。

> 冒险并不是登山这一壮举的目的所在，
> 但为了真正享受化蛹成蝶的喜悦，
> 冒险是一个人必须经过的一项试炼。
>
> —
>
> 莱昂内尔·特瑞（Lionel Terrary），《无力的征服者》（*Conquistadors of the Useless*）

那段时光正是化石燃料非常便宜的时代。20 美元就能买辆车，1 加仑汽油只要 25 美分，露营免费，还能随时找到兼职。土地很肥沃，我们也对之进行了充分的利用。

1962 年秋天，从东海岸攀岩回来时，我和查克·普拉特（Chuck Pratt）因为在亚利桑那州的温斯洛（Winslow）搭乘货运火车而遭到逮捕，在牢里待了 18 天。我们的罪名是“漫无目的地四处闲逛，又没有明显的生活来源”。监狱里的伙食只有沃登面包（Wonder Bread）、豆子和燕麦，我们出狱的时候，每个人都瘦了将近 10 公斤。当时我们俩只有 15 美分，天下着雪，警察让我们在半小时内离开镇子，而我们一刻也没有起过给父母或朋友打电话求助的念头。攀岩教会了我们自力更生，那些日子里可没有什么救援队。

几周后我被征召服兵役。为了让血压升高、通不过体检，我企图喝下一大瓶酱油，但最后却反胃得完全喝不下去。最后我还是入伍了，并被送去了奥德堡（Fort Ord）。因为对官方有反感，再加上我因为不得不中断自己小小的攀岩营生而一肚子怨气，所以我在军队里过得并不顺利。由于我的职业是“铁匠”，军队就想让我成为胜利女神导弹系统（Nike missile system）的一名机械师。我接受了一些基础培训，仓促迎娶了一个伯班克当地的姑娘，然后就被送去了韩国。在韩国，除了制造麻烦，我什么也没做，我“忘记”向军官敬礼、不修边幅、进行绝食抗议，我总是表现得行为不当，却又因为不想冒被送去军事法庭的险而服软。军队最后把我派去和一些平民一起工作，每天我只需要替他们启动和关闭发电机就行了，于是我付钱雇了一个朋友去干这活儿。有了充裕的自由时间，我就溜出去，和几个年轻的韩国攀岩者一起把首尔北部光滑的花岗岩圆顶山和山峰都首攀了个遍。

图16

1964 年，我奇迹般地荣誉退伍。回到家，迎接我的是一段失败的婚姻。接着，我便直接去了优胜美地山谷，在酋长岩（El Capitan）的北美岩壁（North American Wall）进行了为期 10 天的首攀，同伴有查克·普拉特、汤姆·弗罗斯特和罗伊尔·罗宾斯。这大概是当时世界上最难攀的一块大岩壁了。那年秋

图 16：我和韩国的攀岩朋友们一起在首尔附近的仁寿峰。 1963 年，钟善宇 / 摄

天，我又开始制作攀岩装备，并把生意搬到了位于伯班克洛克希德（Lockheed）飞机制造工厂附近的一个锡质小棚子里。那年我印刷了我的第一份产品目录，只有一页油印纸，上面列有所有的产品及其价格，我还在纸的底部直率地声明 5 ~ 11 月不要期待能很快收到订购的商品。

图17

我雇用了我的第一批“员工”，他们是我的一些攀岩朋友，其中有莱顿·科尔（Layton Kor）、加里·亨明（Gary Hemming）、比尔·约翰逊（Bill Johnson）、托尼·杰森（Tony Jessen）、丹尼斯·亨尼克（Dennis Hennek）。我们的大部分工作都是锻造、打磨和粗加工。1966 年，为了离文图拉和圣巴巴（Santa Barbara）的冲浪点近一些，我从伯班克搬到了文图拉。我租了一间锅炉房开起了店铺，那里原本是一家肉类包装公司废弃的屠宰场。

我的装备卖得越来越好，直到我再也没法靠手工制造满足需求，于是我开始使用一些更复杂的工具、钢模和机械装置。我和汤姆·弗罗斯特及多琳·弗罗斯特（Doreen Frost）成了合伙人。

汤姆是一名航天工程师，对设计和审美有很好的直觉。多琳则负责记账和商务上的事情。在和弗罗斯特一家合作的 9 年里，我们重新设计、改进了几乎所有的攀岩工具，把每一件装备都做得更牢固、更轻便、更简单、更具功能性。质量控制始终是我们的重中之重，因为如果一件工具质量不过关，就可能使人丧命，而且由于我们自己是产品的直接用户，丧命的人极有可能就是我们自己！我们在设计上遵循的原则来自法国飞行员安托万·德·圣埃克苏佩里（Antoine de Saint-Exupéry）：

图 17：酋长岩北美岩壁的悬岩，因岩石上有一块深色区域酷似美洲地图而得名。 汤姆·弗罗斯特/摄

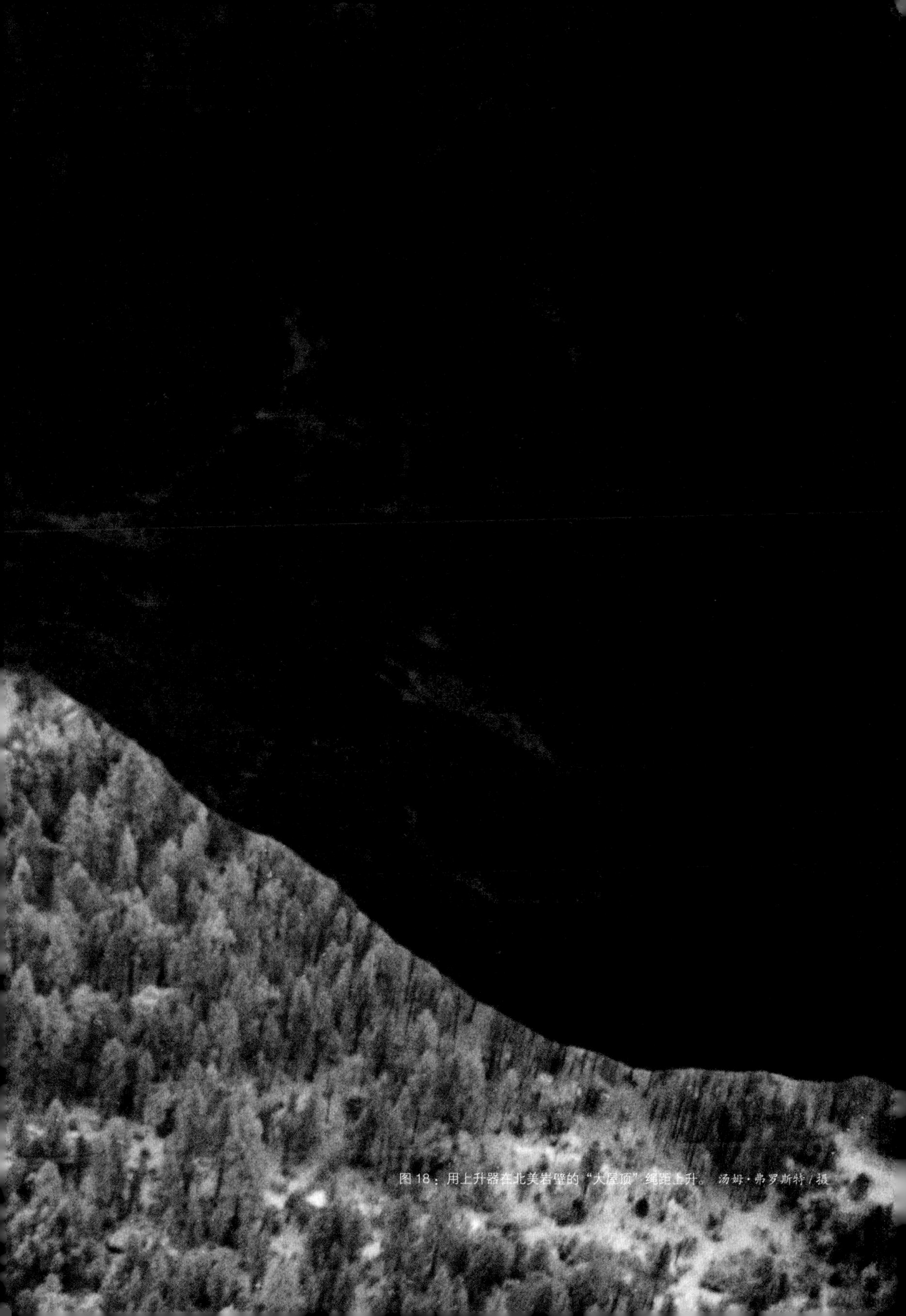

图 18：用上升器在北美岩壁的“大屋顶”绳距上升。 汤姆·弗罗斯特 / 摄

图 19

从北美岩壁第 17 段出发

1964 年 10 月

天黑得很快……像往常一样，哪怕天黑了，我们也得继续攀登。这真的让人很不安，因为看不清，所以连个正确的绳结都打不好。

普拉特运用普鲁士抓结[①]爬向上方的我，悬在我身下一两米处，弗罗斯特在上方的悬岩下开路，等他向一个岩石松动的腐坏肮脏的角落进发时，普拉特便会拉紧绳子。大家都绷紧了神经。汤姆·弗罗斯特干得棒极了，他用创纪录的时间征服了这段危险的绳距。他到达了"大屋顶"（Great Roof）绳距，固定了一枚螺栓和几枚岩钉。

我在不透一丝光亮的黑暗中清理了这段绳距的岩石，依靠的只有感觉和锤子敲击岩钉时偶尔迸发的微弱火星。钉下两枚岩钉后，我就得离开。我的手指肿胀得像一截截肥厚的香肠，手腕则因为敲钉子而生疼，但最让我心惊胆战的还是在黑暗中攀爬。

我又安好另一个固定点。我们现在所处的位置多么令人难以置信，那是一个巨大的二面角，我们顶上是一个 7 米多长的天花板，身旁的岩壁距离悬崖底如此之远，我们绝没有可能从这里撤退，更没可能从上面的"屋顶"绳距撤退，如果我们能够到达那里的话。午夜时分，我们已经上下依次安好了吊床。罗宾斯和普拉特的吊床在二面角的两面岩壁间架起了一座桥。不过，这露营地真是不错，而且因为筋疲力尽，我们全都睡得很好。

—— 伊冯·乔伊纳德

① 普鲁士抓结（prusik）是攀岩时常用的抓结之一，抓结是攀岩时系在主绳上辅助攀爬的绳结。——编者注

图 19：汤姆·弗罗斯特（最上面）、罗伊尔·罗宾斯和我（底下向外看的那个）在"大屋顶"绳距下方露营。我的父母知道我攀岩，但之前并不知道这意味着什么，直到有一天，他们在晚间电视新闻上看到一架直升机拍摄酋长岩的岩壁，并将镜头对准了这些在高出地面 600 多米的吊床里睡觉的疯子。 查克·普拉特/摄

图20

你有没有想过，不仅对于飞机，而且对于人类所制造的所有东西，我们付出的勤奋努力、做出的所有计算和考虑、在草图和蓝图上花费的所有时间，这一切的终极目标难道不是最终生产一件以简单为唯一指导原则的作品吗？

这其中似乎有一条自然法则在起作用，即如果要达到此结果，比如要改善一件家具的轮廓、一艘航船的龙骨或一架飞机的机身，使其结构具备人类胸部或肩部那种自然纯粹的轮廓，这个过程中一定会历经数代匠人的试炼。对于所有的事物，最终达成完美的标志并不是人们不能再添加任何东西，而是人们不能再删减任何东西，就如一具躯体被剥至完全赤裸。

习禅让我学会了简化，简化事物会收获更丰盛的成果。当攀岩者能够将攀登大岩壁所需的工具留在山下，技艺精湛到可以仅依靠技巧和岩石的特征徒手攀登岩壁，他就成了大师。

图 20：我在伯班克的第二个车间只是一些露天的金属棚，但那时我正要开始流水线生产。1965 年，乔伊纳德 / 收藏

图21

作为一名铁匠，在每天 8 ~ 10 小时锻造钢钉的过程中，我也悟到了禅意。我会抓过一枚岩钉，敲打一番，再把它放回去加热，接着抓起另一枚岩钉，从不会手忙脚乱，也没有任何多余的浪费精力的动作，这项工作最后呈现出的流畅性及优雅的姿态堪比禅宗的箭术和茶道。漫长的一天后，我盯着一只锈迹斑斑的旧油桶，感到神圣而满足，仿佛可以看到数万颗微小的红宝石在闪闪发光。

当你在岩壁下摆开装备准备攀岩时，会很容易就认出乔伊纳德设备公司生产的工具。我们的工具能如此显眼是因为它们具备最简洁的线条。它们也是最轻、最牢固的工具，其使用功能也最多。其他设计师会通过加法来改进工具的性能，而我和汤姆·弗罗斯特则会通过减法来达到同样的目的，即在不降低强度和保护水平的前提下减少重量和体积。

因为需要更多人手，我们继续雇用了一些朋友。20 世纪 60 年代中期，罗杰·麦克迪维特（Roger McDivitt）和他的妹妹克丽丝（Kris）住在冲浪沙滩上，我在那儿也

图 21：在锻造车间用落锤工作。 汤姆·弗罗斯特 / 摄

以每月 75 美元的租金租了一间小木屋，我们之间只相隔了几户人家。克丽丝作为一名助理包装工首先加入我们，罗杰这位年轻军官带着三枚紫心勋章从越南回来后，也开始在我们的锻造车间工作。

罗杰有经济学学位，对商业有种与生俱来的天分，他很快就从车间转到了批发零售部门，并最终成为总经理。他的第一份工作是敲打大型岩钉上的铆钉。这是些用在宽岩缝上的大角岩钉，铆钉头必须要用锤子敲打平整。罗杰会在阳光明媚的院子里找到一块没有狗或其他员工占着的好地方，然后坐在地上，用锤子打上一整天铆钉，并小心翼翼地打好每一锤。

攀岩者们经常顺道来我们的铺子里买装备，最终罗杰负责起这些零售业务。后来，他也负责批发业务。我们的第一家零售商店也是一间简陋的锡棚，罗杰出主意让我们从附近的农场搬来一些旧木栅栏，又从包装进口绳子的板条箱上拆了点儿木板，最后用这些木头内装饰了一下店铺。罗杰成了我们的第一位总经理，他做了 4 年，然后由克丽丝接手，他则继续管理我们的产品生产。

罗杰在早年就显示出了敏锐的商业头脑。20 世纪 70 年代初的某天，他从店铺后面拿了 10 箱崭新的岩钉，里面有“洛斯特阿罗”岩钉、“八格堡”岩钉、“大角”岩钉，都是用铬钼钢做的产品，罗杰从其中一个箱子里拿了一大把岩钉，把它们全都串到一条绳子上，然后在水泥地上拖到东又拖到西。我问他到底在做什么。

他解释说，这是一单出口到苏格兰爱丁堡的格雷厄姆·蒂索公司（Graham Tiso）的货，格雷厄姆·蒂索公司是我们当时在英国的分销商。罗杰说，在折腾完这些岩钉后，他会把它们放在一桶稀释过的醋里浸上几天，接着再露天晾干，让它们生锈，然后就能把它们作为废金属出口到英国，这样就不会被征关税。收到岩钉后，格雷厄姆·蒂索公司会把岩钉抛光上油，直到岩钉又像新的一样，这样他们就能以连邋遢的英国攀岩者都能负担得起的价格出售了。

关于罗杰，我最喜欢的回忆都来自我们仅能糊口而那些喜欢赖债的经销商又都不还款的日子。有一天，我们一位比较重要的经销商发过来一张新订单，而这个经销商的待结款项已经逾期很久了。罗杰走出去，回到机械车间，在地上捡了各种各样的废铁和铅管，然后又消失在发货仓库。他把所有的废金属都装到一个大箱子里，用货到付款的方式把货送了过去，金额相当于对方未偿的款项。几天后，气急败坏的经销商打电话过来抱怨。罗杰平静地告诉他说："现在我们两清了，您再度成为我们信誉良好的合作伙伴，不过以后我们只接受货到付款交易。"

图22

1968 年，我从文图拉出发，向着南美洲南端进行了一趟为期 6 个月的公路旅行。我沿着延伸到利马[①]的美洲西海岸冲浪，在智利的火山上滑雪，爬上了位于阿根廷巴塔哥尼亚（此处为地名）的菲茨罗伊峰（Mount Fitz Roy）。在此期间，汤姆和多琳替我照看着生意。第二年，汤姆花了几个月前往喜马拉雅山脉，去攀登尼泊尔的安纳布尔纳峰（Annapurna）南壁。他不在的时候，就由我和多琳照看生意。

由于年底的时候没有多少盈利，我们就按照工作时间给自己结算了工钱。我们都没有把做生意本身当作目的，那只是一种赚钱方式，让我们能负担攀岩旅行。

在这期间，我遇到了马琳达·彭诺耶（Malinda Pennoyer），她当时在加利福尼亚州立大学弗雷斯诺分校学艺术，周末在优胜美地度假屋做服务生。她的攀岩水平足以引起我这个各地巡游的流动铁匠兼攀登者的注意。一天，我们正在四号营地闲逛，一辆载满了一车野蛮姑娘的汽车开了过来，司机朝车外扔了一个啤酒罐。马琳达跑过去，让他们把啤酒罐捡起来。他们向马琳达竖起了中指，于是马琳达徒手扯下他们的牌照，把他们交给了公园管理员。我简直被她迷住了。我们 1970 年结婚的时候，马琳达在

① 利马（Lima）是秘鲁首都。——编者注

图 22：在这间朴实无华的车间里，我们生产出了世界上最好的攀岩工具。1970 年左右，汤姆·弗罗斯特 / 摄

高中教艺术，但不久之后她就参与到我们的事业之中。房东把我们租住的海滩小屋收了回去，5 ~ 10 月不旅行的时候，马琳达和我就住在院子中一辆旧货车的后车厢里，直到她把我们零售商店的地下室改造成一间公寓。有一段时间，她也参与了这家零售商店的部分管理工作，当时她背上还背着仍是婴儿的我们的儿子弗莱彻（Fletcher）。

我们的销售额每年都要翻上一番，终于，只是雇用我们流动的攀登伙伴已经跟不上公司的发展，他们会工作只是为了攒够钱出去攀岩。于是，我们又雇用了一些我在军队时结交的更可靠的韩国攀岩朋友，还雇了一些墨西哥工人，以及一个名叫朱利奥·瓦雷拉（Julio Varela）的阿根廷机修工，他当时正在躲避移民归化局（INS）。

尽管销量很大，为登山者提供装备的乔伊纳德设备公司年底的利润却只有大约 1%。那是因为我们总是在不断推出新的设计，于是一年后就会报废一些需要花 3 ~ 5 年分期摊抵的工具和钢模。不过，至少我们没有什么竞争对手，因为没有其他人会蠢到想要进入这个市场。

到 1970 年，乔伊纳德设备公司已经成为美国最大的攀岩器具供应商。同时，我们这家公司也走上了破坏环境的发展道路。虽然攀岩运动变得越来越流行，但主要还是集中在一些受欢迎地区的成熟的路线上，比如博尔德（Boulder）附近的埃尔多拉多峡谷（El Dorado Canyon）、纽约的肖瓦岗山（Shawangunk）和优胜美地山谷。在脆弱的岩缝上安置钢质岩钉然后再拔出，这个过程中的反复敲击严重地损坏了岩石的外形。在爬了一次酋长岩的鼻梁路线（Nose route）后，由于亲眼见到岩石的残破景象，我回到家后心生厌恶，几个夏天前那里还是一片原始风貌。弗罗斯特和我决定逐渐结束岩钉的生产，这成为我们多年来第一次采取重大的环境举措。虽然岩钉是我们公司的支柱产品，但它正在破坏我们钟爱的岩石。

幸好，除了岩钉，我们还有另一种选择：铝质岩塞。攀岩者可以用手将岩塞塞入岩缝，而不必用锤子在岩缝上敲进敲出。英国攀岩者先前已经在岩壁上使用岩塞，但因为他们使用的岩塞比较粗糙，所以在欧洲其他地方和美国并不为人所知，也不太受信任。我们设计了自己的版本，称之为岩石塞（Stopper）和六角塞（Hexentrics）。在 1972 年乔伊纳德设备公司发出第一份产品目录前，我们一直在小规模地销售这些岩塞。

图 23：埃伦·马琳达·彭诺耶在加利福尼亚优胜美地露营。 1969 年左右，乔伊纳德 / 收藏

图 24：马琳达、我们的儿子弗莱彻和我在优胜美地，左边背景是酋长岩的鼻梁路线的优雅轮廓。1975 年左右，乔伊纳德 / 收藏

图25

图 25：道格·汤普金斯（Doug Tompkins）在菲茨罗伊峰上。1968 年，克里斯·琼斯（Chris Jones）/ 摄

在 1972 年的产品目录开头，题为《一句忠告……》的评论是由公司所有者们主笔的，谈的是岩钉造成的环境危害。还有一篇长达 14 页、有关清洁攀岩的文章，由塞拉俱乐部的攀岩者道格·罗宾逊（Doug Robinson）撰写，讲述了岩塞的使用方法。文章以强有力的段落开篇："有这样一个词，这个词是清洁。攀岩时只用岩塞和绳套做保护就是清洁攀岩。攀岩者离开之后，岩石的形态没有发生改变，此为清洁。没有任何东西被锤入岩石或拔出，岩石上没有留下任何伤痕，下一个攀岩者对自然的体验不会有所减损，此为清洁。攀岩过程中，攀岩者的保护措施在环境中几乎没有留下任何痕迹，此为清洁。清洁就是攀爬岩石，但不改变岩石。这是我们向自然人的绿色攀岩迈进的一步。"

我们遭到了老一辈攀岩者的抵制，他们习惯了用一斤多的锤子尽情敲击岩钉；年轻攀岩者也表示抗议，他们说我们在以前爬过的所有大岩壁上都使用了岩钉，而现在却要求他们只使用这些机器加工的铝质小岩塞。为了证明我们的观点，我和一位年轻的攀岩者布鲁斯·卡森（Bruce Carson）又去爬了一次酋长岩的鼻梁路线，过程中我们没有使用锤子和岩钉，只安置了岩塞，并借助了一些以前的攀岩者遗留在岩石上的螺栓和岩钉。

产品目录邮寄出的几个月后，岩钉业务量下滑，而岩塞的生产又跟不上销售。乔伊纳德设备公司的锡质车间里，落锤有节奏的敲击声变成了多钻头钻模高亢尖利的钻击声。

然后，我产生了做服装的第一个想法。20 世纪 60 年代末，我在英格兰的峰区（Peak District）攀完岩后路过兰开夏郡（Lancashire）的一家老作坊，作坊里有一台机器可以生产一种结实、超重的灯芯绒布，这恐怕是世上最后一台能生产这种布料的机器了。这间作坊可以追溯到工业革命时期，那时它靠的还是水力驱动。在斜纹粗棉布还没出现的时代，工人们的裤子都是灯芯绒做的，因为灯芯绒的植绒凸条纹可以保护下面的编织面料免受磨损。我觉得这种结实的布料应该很适合攀岩时穿着，于是就订购了一些，做了一批灯笼裤和臀部加厚的短裤。这些裤子在我们的攀岩朋友中卖得很好，所以我又订购了更多的布料。

图 26：我和汤姆·弗罗斯特在文图拉做锻工。1970 年左右，汤姆·弗罗斯特 / 收藏
图 27：在“铁器”（使用铁质岩钉）时代整理装备，准备攀登一面大岩壁。1964 年，乔伊纳德 / 收藏

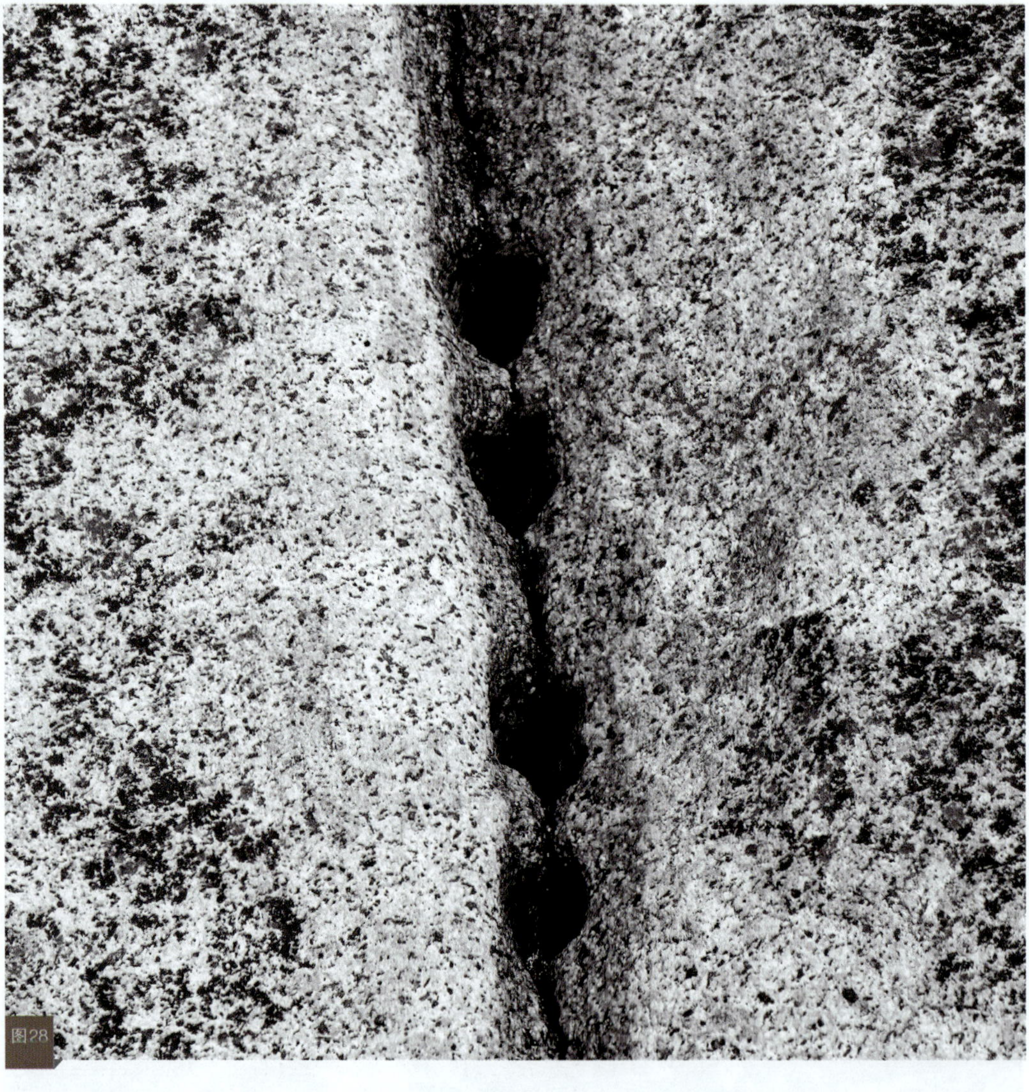

图28

图 28：优胜美地一处遭到岩钉严重损坏的岩石。当我意识到我们的岩钉对岩石造成的破坏，我就知道我们必须寻找一种更好的攀岩方法。 迪恩·菲德尔曼（Dean Fidelman）/ 摄

图 29：进入酋长岩鼻梁路线上的“炉腿”裂缝（Stove Leg）。 丹尼斯·亨内克（Dennis Henneck）/ 摄

图30

图 30：在阿根廷巴塔哥尼亚的风之径（Paso del Viento）的高乔人的地盘露营。 1972 年，道格·汤普金斯/摄

图 31：一位“自然人”和他的一大串六角塞、岩石塞，以及清洁攀岩时使用的其他岩塞。
1972 年左右，汤姆·弗罗斯特 / 摄

图32

图 32：汤姆·弗罗斯特穿着灯芯绒灯笼裤和橄榄球衣。 盖瑞·里杰斯特（Gary Regester）/ 摄

图35

带来了新的消费者，但这些顾客却因为我们无法满足他们增长的需求而被拒之门外。1974 年，我们采取了一项重大举措，和香港的一家服装厂直接签订了一份合同，要求他们一个月生产 3 000 件 8 种不同颜色组合的衣服。

这最后成了一场灾难。先是发货延迟，再加上这家工厂习惯了生产迅速更新换代的流行服饰，衣服的质量惨不忍睹。他们用的线太细，衣服缩水很严重，其中一些衣服的袖子甚至只有七分长。我们以低于成本的价格尽可能地甩卖了这批服装，但这还是几乎葬送了公司。由于发展速度太快，盈利还不是很丰厚，我们的现金流存在严重的问题。

我们知道该如何管理五金产品的库存。钢筋和铝材或是摆在地板上，或是正在加工中，我们只需要再看一下成品库就能知道库存情况。对于我们自己不生产的五金产品，我们会从可靠的供货商那里进货。弗罗斯特和我会亲自查看每一个快挂和岩塞的

图 35：公司在发展。1973 年 12 月 19 日的员工。 汤姆·弗罗斯特 / 摄

质量。但服装完全不同。我们必须提前数月从世界各地的供货商和工厂那里订购布料，我们可以对一些基本的瑕疵把关，但没法对布料的褪色和缩水问题进行监督。我们以一种惨烈的方式了解到，运营铁匠铺和经营服装生意千差万别。

在这批不合格橄榄球衣把我们的账户洗劫一空的同时，马琳达和我不得不熬过跟银行家们漫长无趣的午餐会，试图说服他们我们真的没有资金问题，因为这是银行愿意借钱给我们的最低标准。一家地方性农业银行不愿意借钱给我们，因为我们的库存分散在世界各地，他们希望所有的库存都能集中在同一个地方（想想粮仓！）。我们的会计甚至还一度把我们介绍给了洛杉矶的黑手党，他们收取的利息高达 28%。马琳达和我从没有赊过账，弗罗斯特夫妇也不曾有过。在此之前，我们总是能准时付清账单，拖延支付供应商货款就像会要了我们的命一样。有好长时间，弗罗斯特和乔伊纳德两家为此茶饭不思、辗转难眠。我们的合伙关系濒临绝境，最终在 1975 年的最后一天，我们分道扬镳。弗罗斯特夫妇搬去了科罗拉多州的博尔德，创建了一家摄影器材公司，而马琳达和我则留下来，成为一家挣扎中的攀岩工具和服装公司的唯一所有者。

弗罗斯特夫妇离开后，我们更换了他们任命的总经理。1979 年，克丽丝·麦克迪维特走马上任。虽然在最困难的阶段接手这份工作，但她上手很快。公司终于有了一位能够理解老板活跃创造力的总经理。克丽丝改善了财务，鼓舞了销售队伍，说服了供应商和我们签订独家经销合同，抚慰了焦虑不安的员工，她凭着在汇聚人心和调动氛围上的双重天分使公司上下拧成了一股绳。她还通过对设计和艺术部门的严密监管，树立并努力维护了巴塔哥尼亚的品牌形象。无论我有何等疯狂的构想，

图36

图 36：助理包装工克丽丝·麦克迪维特。1974 年左右，盖瑞·里杰斯特 / 摄

对她来说都不算疯狂，直到这些构想被验证为不现实为止，在这方面我们合作得很愉快。她很擅长和人打交道，能够跟所有人沟通为什么要认真对待我的一些较激进的想法，或者至少能迁就我一下，直到我自己打消念头。

在几年前的一次访问中，克丽丝回顾了公司当时的状况，并说明了为什么我们充满信任地将公司交给她来领导是正确的选择。

> 1972 年的时候，公司只有 5 个人。1977 年有 16 个，我哥哥是总经理。1979 年，我哥哥离开了公司，伊冯又不想管理公司——他想要做攀岩、冲浪之类的事情。
>
> 于是他把公司交给了我，他实际上是在说："这是巴塔哥尼亚公司，这是乔伊纳德设备公司。随你的心意来打理它们吧，我要去攀岩了。"
>
> 我没有任何做生意的经验，于是我开始咨询别人，获得免费的建议。我打电话给银行行长说："有人任命我经营这些公司，但我不知道这其中涉及什么职责。我觉得得有人帮帮我。"
>
> 他们帮助了我。如果你向别人求助，如果你承认你不懂得某些事情，他们就会特别卖力地试着来帮助你。所以，我就是这么把公司打理起来的。我其实只是在传达伊冯关于公司的宏图和目标。

我一直在避免把自己定位为一个商人。我是攀岩者、冲浪者、皮划艇和滑雪爱好者，还是铁匠。我们只是很享受制作自己和朋友们都想要拥有的优质工具和实用服装。我和马琳达当时仅有的个人资产是一辆破破烂烂的福特货车和一处很快就要被银行收回的抵押了的海边小屋。现在，我们有一家严重举债经营的公司，员工们都拖家带口，指望着公司走上成功之路。

在对我们背负着的责任和债务进行了一番思索后，有一天我终于领悟到我确实是一个商人，而且可能很长一段时间里都会是一个商人。为了在这个游戏中生存下去，我们得动真格的，这也是明摆着的事。

克丽丝·麦克迪维特

图37

罗杰·麦克迪维特的妹妹在上高中的时候性格叛逆，常常会惹恼老师。作为喜欢到海滩玩耍的女孩，她常常光脚去上学，因此收到警告：不穿上鞋子就不要回去上课。她不断钻着规则的空子，有一天在脚上缠了一些皮鞋带，将之称为凉鞋。毕业的时候，克丽丝的辅导老师告诉她妈妈："我知道你计划送克丽丝去上大学，但还是不要白费劲了。"她在大学里是名速降滑雪选手，并不清楚自己是以什么学位毕业的，直到多年后回到学校向学生们致辞、接受荣誉学位时才知道。

她担任我们的总经理兼 CEO 长达 13 年。1994 年，她离开公司，嫁给了我的朋友道格·汤普金斯。他们搬去了南美洲，负责在智利和阿根廷建造占地超过 8 900 平方千米的荒野公园，这超过历史上任何一位慈善家或政治家建造过的面积。

——伊冯·乔伊纳德

图 37：克丽丝·麦克迪维特，她担任 Patagonia 总经理兼 CEO 长达 13 年。1985 年，文图拉的冲浪者角，伊冯·乔伊纳德 / 摄

图 38：对法式攀冰技术的演示。在写作《攀冰》的多年时间里，我靠教授冰雪攀登技术来换取急需的收入。同时，我也认为摸索如何用语言表达一项技巧的最佳方式就是去尝试和教授这种技巧。每上一节课上，我都在学习更精简地描述技术要领。 雷·康克林（Ray Conklin）/ 摄

我还知道，如果要按正常的商业规则来玩这个游戏，我永远也不会感到快乐。我想要尽可能把自己跟那些在飞机杂志广告上出现的西装革履、面色苍白的行尸走肉区分开来。如果我不得不成为一名商人，那就要按自己的规则来。

关于企业家精神，我最喜欢的一句话是：如果你想要理解企业家，就研究一下少年犯。少年犯是用行动说话的："讨厌，我要干自己的事。"由于我从没想过要成为一名商人，我需要一些有说服力的理由才愿意去做一名商人。即便在我们动真格之后，有一件事仍是我不想改变的，那就是：每天的工作都得快乐。我们每天都得迈开脚步走去工作，一次跨两格楼梯上楼。我们的周围需要簇拥着朋友，他们想穿什么就穿什么，哪怕不穿鞋也可以。我们需要有弹性的工作时间，浪头好的时候可以去冲浪，暴风雪后可以去滑雪，或是可以待在家照顾生病的孩子。我们需要淡化工作、玩耍和家庭之间的界线。

打破规则、使用我自己的系统，这种充满创意的管理让我异常满足。但我不会不做功课就贸然行动。

例如，我在 1978 年写了一本关于攀冰技巧的书，这本书的写作花费了 12 年的时间，因为我得在每一个践行阿尔卑斯式攀登[①]的重要国家中旅行、攀登，并研究冰雪攀登，为我的书《攀冰》(*Climbing Ice*)钻研出一套统一的技术。我在书的简介中写道：

> 到 20 世纪 70 年代，世界上进行冰雪攀登的国家分为两类，一类只使用平步式(或称"法式")冰爪技术，另一类使用前踢式。两个攀登流派同样专业，但两边都不愿意承认对方技术的价值。只使用一种技术进行所有的攀冰是可能的，许多人也依然在这么做，但这既不是最有效的方式，也不会让你觉得非常有意思。这就像你只会跳一支舞，当音乐变换，你仍在迈动舞步，却不怎么能跟得上节奏。所以，就像这类情况通常的解决之道一样，真理存在于

① 阿尔卑斯式攀登是常见的登山方式之一，起源于阿尔卑斯山区，强调采用尽可能少的装备，主要依靠登山者自身的力量，快速攀登并安全返回。——编者注

两者之间。现在所有最优秀的攀冰者都懂得这两种冰爪技术，并会在攀登过程中两者兼用。

我在搜集商业知识的过程中运用了同样的方法。接下去的几年中，我读遍了以商业为主题的书籍，搜寻可以为我们所用的指导理论。我对日本和斯堪的纳维亚（Scandinavian）风格的管理书籍尤其感兴趣，因为我知道美国人经商的方式只是众多方式中的一种。

我找不到任何一家美国公司可以作为我们的典范，它们要么规模太大、风格太保守，要么跟我们的价值观不一致。然而，有一家公司既不大也不保守，还跟我们分享着同样的价值观，那就是埃斯普利特（Esprit），这家公司的所有者是我的朋友道格和苏茜·汤普金斯（Susie Tompkins）（道格的第一任妻子）。道格是我的攀登和冲浪好友，20 世纪 60 年代早期，他在旧金山开设了北面（the North Face）的第一家商店。1964—1965 年，他为我的五金工具做批发销售，我们由此开始了联系。1968 年，正是他介绍我去了智利和阿根廷的偏远地区巴塔哥尼亚，那时他已经在销售北面了。实际上，正是在那趟旅行中，苏茜和一个朋友创立了叫作“素简”（Plain Jane）的品牌，该品牌后来又发展成了埃斯普利特。道格对权威也有一种本能的反感，总是在享受着打破规则的快乐。埃斯普利特比我们公司大得多，遇到过并解决过许多公司发展的问题，所以在早期他们对我们有着巨大的帮助。

道格·汤普金斯、罗伊尔·罗宾斯、雷吉·莱克（Reg Lake）和其他几个人向我介绍了白水皮划艇运动。我们称自己为“进行男孩”（Do Boys），这个称呼戏仿了日语中把“激烈运动”译成“进行运动”的拙劣翻译。我跟他们第一次去塞拉斯山脉（Sierras）南部划白水皮划艇，最后将自己变成了“沙袋”。第一天，我们划了斯坦尼斯劳斯河（Stanislaus River）的三级河段，第二天划了默塞德河下游（Lower Merced）的四级河段，第三天划了图奥勒米河（Tuolumne）的五级河段。就这样过了 12 天。等全部结束的时候，我脸上缝了 15 针，背部情况糟糕极了，以致不得不请搭便车的游客开车送我回家。在那个向导、户外学校和指导书尚未出现的时代里，人们通常都是通过这样的方式来学习高风险运动的。

几年后，我在皮划艇上有了很大的突破。那时我才刚学会怎么用手划皮划艇，也就是只用手、不用桨而保持皮划艇顺利前进。我有了个疯狂的念头，要去怀俄明州的杰克逊霍尔镇（Jackson Hole），不用桨划格罗文特河（Gros Ventre River）。那条河在满潮时是四级难度，一英里的水位落差约为 30 米，如果你在紧急情况下跳下船，要到好几英里远的下游才能把船捡回来。

桨是很强大的工具，不用桨就意味着我得放低重心坐在座位里，手放在水中，划下浪头时要前倾身体。我得看得更远，需要靠倾斜船身、用手切浪来调转船的方向。不过，我一次也没有翻船，事实上，因为表现得更像一条鱼，不用船桨反而让我比使用船桨时划得更加干净利落。

我一直觉得自己是一个 80 分主义者。我喜欢热情地投入一项运动或活动中，直到我在熟练程度上达到了 80 分左右。要比 80 分走得更远就需要一种痴迷和专业度，而那并不吸引我。一旦我达到了 80 分，我就喜欢停下来，转而做一些完全不同的事。这可能解释了巴塔哥尼亚的产品线为什么这么多样化，以及为什么我们多功能、多元化的服装是其中最成功的。

在我们度过第一个重大的现金流危机后（终于有一家银行愿意让我们循环贷款），多功能的技术服装就成了我们新的核心。我们的第一件技术产品是泡沫塑料衬里夹克，当时的聚氨酯雨衣有很严重的内层水汽凝结问题，而我们的产品在这方面做了改善。我们在尼龙外壳的内层加了一层薄泡沫和一层薄棉布，这样既能更保暖，又能减少水汽凝结。这样的设计也让我们解决了一个更大的问题，即在高山上应该如何穿着，那里多变的天气甚至可能威胁人的生命。

在整个登山群体依赖的还都是棉、羊毛、羽绒这些传统的吸湿性面料的时候，我们就把目光投向了别处，去寻找启发和保护。我们认为北大西洋渔民穿的一种合成毛毛衣的面料会成为登山毛衣的理想面料，因为这种面料隔热性很好，同时不会吸收湿气。

图39

图40

图 39：道格·汤普金斯（左）和罗伊尔·罗宾斯（右）。 道格·汤普金斯 / 收藏
图 40：“进行男孩”的其中几位成员：道格·汤普金斯、罗布·莱塞、约翰·沃森、我本人和雷吉·莱克。我们刚刚首次经历了为期三天、在黄石河（Yellowstone River）的支流克拉克斯河（Clarks Forks）的降落。 1986 年，道格·汤普金斯 / 收藏

图 41：汤姆·布罗考在华盛顿州的雷尼尔山。 里克·里奇韦 / 摄

进行男孩

“进行男孩”的其他“成员”包括冒险“资本家”里克·里奇韦（Rick Ridgeway）、慈善家道格·汤普金斯和美国全国广播公司新闻（NBC News）的节目主持人汤姆·布罗考（Tom Brokaw）。在《生活》杂志（*Life*）的一篇采访中，汤姆述说了自己在攀冰上的第一个教训。

> 可能是我和我的几个朋友，包括巴塔哥尼亚的创始人伊冯·乔伊纳德，在雷尼尔山（Mount Rainier）上爬考兹冰川（Kautz Glacier）那次。那以前，我从来没攀过冰，同伴们用了30秒钟教我怎么用冰爪和冰镐。在某个地方，我们打算穿过一小块陡峭的黑冰，如果你滑倒了，就会跌落到300多米的深处。我对伊冯说：“我们应该在这儿结组。”他说：“不行，如果你掉下去，我也会掉下去，我可不想这样。这就像在纽约的雨天拦出租车——各自为营。”成为伊冯的朋友对我来说真是受益无穷……他会让我从新的角度去考虑问题。

——《生活》杂志

2004年11月26日

我们需要找到一些面料来测试我们的想法，这并不太容易。最后，在 1976 年，马琳达出于直觉开车去了洛杉矶的加利福尼亚商品市场（California Merchandise Mart）。她在莫尔登纺织厂（Malden Mills）找到了想要的东西。假皮草大衣的市场衰败后，这家纺织厂摆脱了破产危机重出江湖，正在甩卖他们的库存面料。我们缝制了一些毛衣，在高山气候条件下实地测试了这些产品。这种聚酯纤维的面料也就是抓绒面料，它出乎意料的暖和，尤其是和衣服外壳一起穿着的时候。它不仅能在潮湿情况下保暖，而且干得很快。有了它，攀登者就不用穿那么多层衣服了。我们的第一批抓绒衣上胶后非常硬挺，使用的是用来做马桶坐垫的布料。

由于订单量不够大，没法定制面料，所以我们只能使用莫尔登纺织厂现成的库存，这些面料的颜色都是丑陋的棕褐色和同样丑陋的浅灰蓝色。当我们在芝加哥的贸易展览会上展出这些夹克的时候，一位买家指着一件夹克问我们的销售员特克斯·博西尔（Tex Bossier）："那是用什么毛皮做的？""那是很稀有的西伯利亚蓝色狮子狗毛，女士。"特克斯不动声色地说道。这款抓绒夹克这么丑，穿了之后还会疯狂起球，但它很快就成了户外市场的主打产品。

不过，在速干的隔热层里面穿上棉内衣却没什么好处，因为棉布会吸汗然后结冰。于是在 1980 年，我们推出了以聚丙烯纤维为原料的长款保暖内衣，那是一种合成面料，分量轻，不吸水，曾被用于生产诸如船用缆绳这样的工业产品，用聚丙烯制作的船用缆绳因为分量轻所以能漂浮在水面上。它在服装上的第一次应用是用来制作一次性尿布的非纺织内衬，面料的芯吸效应能将湿气带离皮肤，并将之传递至尿布外层吸水性更好的材料，从而保持婴儿皮肤的干爽。

一家挪威公司已经研发出了一款轻薄的用聚丙烯制作的弹性针织内衣，它能将水气通过芯吸作用带离皮肤，但这款内衣有一个很大的局限性：它的轻薄和渗透性使它不够保暖。我们的针织面料较之厚 4 倍，内层经过拉绒处理，所以特别松软、柔和。

我们将这款新内衣的特性作为整个系统的基础，通过商品目录上的文章，成了首家将分层着装概念带给户外运动爱好者的公司。这种穿衣方法是指，贴身穿一件有传递湿气功能的内衣，中间层穿一件保暖的抓绒衣，然后是防风防水的外壳层。

我们对这个概念的推广获得了成功。不久之后，我们在山里就较少看到棉质和羊毛的衣服了，取而代之的是横条纹聚丙烯内衣和穿在内衣外、会起球的浅灰蓝色和棕褐色抓绒衣。

但聚丙烯跟抓绒一样有它自己的问题。它的熔解温度很低，顾客们在使用商业自助洗衣店的烘干机烘干内衣时，内衣会被熔化，这种烘干机一般比家用烘干机温度高得多。另外，聚丙烯斥水，所以很难彻底清洗干净，气味也会因此留存在衣服上。事实证明，它的芯吸特性并不是面料固有的，而是在纺织和编织过程中应用油脂的结果。在经过 20 多次清洗之后，这些油脂就会逐渐磨损。

虽然抓绒和聚丙烯都立刻取得了成功，我们也尚未遇到激烈的竞争，但我们从一开始就在致力于改善这两种面料的品质，试图解决它们的问题。

改进抓绒是一个渐进的过程。我们和莫尔登密切合作，先是开发出了一种柔软的旗布织物，接着是一种起球更少的人造毛，最终开发出了 Synchilla，这是一种更加柔软的双面抓绒，一点都不起球。在开发 Synchilla 的过程中，我们学到了关于商业的重要一课。虽然由于莫尔登纺织厂更容易获得资金，很多创新因此变成可能，但如果我们没有积极地制定出调研和开发流程，这种面料便不会被开发出来。从那以后，我们开始在自己的调研和设计部门中投入重金。我们的面料实验室和面料开发部门在业内备受艳羡。莫尔登迫切地想要与我们在开发项目上进行合作，因为他们知道，如果有了巴塔哥尼亚的帮助，他们就可能开发出更好的面料。

开发出 Synchilla 的同年，我们找到了聚丙烯的替换面料，这并不是同纺织厂的合作开发带来的结果，而是源自意外。有时候，

图42

图 42：我最喜欢的照片之一，展示了抓绒的应用。 盖瑞·比格姆（Gary Bigham）/摄

知道自己想往什么方向走，或是拥有对下一代产品的愿景，就会有好主意从中迸发出来。1984 年，我在逛芝加哥运动产品展销会的时候，看到有人在演示清洗聚酯面料足球服上的草渍。像聚丙烯和聚酯这样的合成面料是由塑料树脂做成的，塑料树脂经过模子的挤压能形成一种细小的圆形纤维，这些塑料纤维非常光滑，用它们编织的衣服很难清洗，因为这种滑溜溜的纤维排斥正常清洗中使用的肥皂和水。

制造足球服面料的公司美利肯（Milliken）已经研发出了一套可以永久性蚀刻纤维表面的流程，从而使之亲水。只要往玻璃上洒点水，你就能很快明白这两种聚酯纤维的区别。在光滑的玻璃上，水滴还是完整的一滴，但如果你把水洒在一块蚀刻玻璃上，水滴就会散开。

忘了足球服吧，我想，这是最适合做内衣的纤维了！聚酯的熔解温度要高得多，在衣物烘干机里非常安全，蚀刻让纤维的芯吸作用异常强大，同时又不会在纤维内吸收和保留水分，所以这种面料是速干的。

较保守的员工希望我们能慢慢地逐步采用新材料，尤其考虑到我们同时还在推出 Synchilla。当时，聚丙烯和旗布抓绒一共占了我们销售额的 70%。然而，你不能等到有了所有的答案才开始行动。逐步推出产品通常有着更大的风险，因为你失去了第一个应用新想法的先机和随之而来的好处。

我相信新产品的性能，而且我了解市场，于是我们将整条聚丙烯内衣的产品线都替换成了全新的 Capilene 聚酯。我们忠诚的核心用户们很快就感受到了 Capilene 和 Synchilla 的优势，我们的销量节节攀升。而其他公司才刚刚抄袭了我们的旗布和聚丙

图43

图 43：家族企业。乔伊纳德 / 收藏

烯服装，不得不手忙脚乱地竭力跟上我们的步伐。

竞争总是接踵而至，但我们一直在创新并改进我们的产品。20 世纪 80 年代初，我们又做了一项重大的改变。在所有户外产品都是棕褐色、深绿色或者铁锈色（那已经是最鲜艳的颜色了）的时候，我们让巴塔哥尼亚的产品浸染在了五彩缤纷的色彩中。我们使用了钴蓝色、鸭翅绿、法国红、芒果黄、海沫绿和冰摩卡色。巴塔哥尼亚的服装依然结实耐用，但其外观已经从平淡无奇变得绚丽多彩。这样的转变确实奏效，其他公司用了近 10 年时间效仿我们。

消费者对鲜艳色彩的喜爱一发不可收，Synchilla 等技术面料对消费者的吸引力也与日俱增，这些为我们的资产带来了巨大的转机。巴塔哥尼亚商标已经像当年的橄榄球衣一样成了一股潮流，而且我们的知名度从户外群体扩展到了时尚消费者。虽然我们投入了大部分的销售力量、占用了商品目录上的大部分空间来向核心顾客解释分层着装的技术优势，最热销的商品却是我们技术含量最低的产品：宽松的沙滩短裤和带外壳的 Synchilla 飞行员夹克。

从 20 世纪 80 年代中期到 1990 年，我们的销售额从 2 000 万美元攀升到了 1 亿美元。我和马琳达本人并没有变得更富有，因为我们将利润留在了公司。从很多方面来说，这种增长都是喜人的。我们当然从来没有对此厌倦过。新员工，包括那些在零售商店和仓库工作的收入较低的员工，都有机会很快被提拔到收入更好的职位上。对于某些职位，我们会搜寻人才，我们可能会同时在服装产业和户外产业中寻找最佳人选。不过，我们的大部分新员工都是通过根基稳固、不断壮大的员工和亲友群体之中的口口相传雇用的。当有一个新职位空缺时，我们的员工会告诉朋友、朋友的朋友，以及亲戚。

尽管巴塔哥尼亚在迅猛增长，我们还是得以同时在很多方面保全我们的文化价值观。我们还是走路去上班，周围簇拥着想穿什么就穿什么的朋友，午餐时人们不是跑步就是冲浪，或者在大楼后面的沙坑里打排球。公司会发起滑雪旅行和攀登旅行，一些小群体还会进行更多非正式的旅行，比如周五晚上驾车去塞拉斯山脉，然后昏昏沉沉但是高高兴兴地回到家，刚好周一早上赶来上班。

图44

图 44：锻铁车间。1966 年，汤姆·弗罗斯特 / 摄

图45：冲浪车间。2009年，蒂姆·戴维斯/摄

马琳达的儿童保育观

图46

这不是经过周密的设计才开始的。虽然我辅修过家政学，但我是少数几个完全没有进行过学前教育训练的毕业生。我们的日托中心之所以会开办起来，是因为弗罗斯特夫妇会带着他们的孩子来上班，于是我们也带来了孩子。当我们雇用了新员工，他们也如法炮制。婴儿床就搭在电脑显示器边上，对那些懂电脑的员工来说这就像一场噩梦；但直到某个爱尖叫的孩子的到来，我们才意识到孩子们对我们的工作环境制造了多少混乱。那个孩子的母亲带着腹绞痛的婴儿坐到了外面的车里，我们都感到很内疚。

在育儿方面投入资金或空间的想法经过了两年多的争论，因为金钱和空间，这两者我们都很欠缺。我们不知道该怎么创办一个日托中心，但几位父母推进了这件事情的进展。日托中心开始运作很久以后，我们开始感到这是一个冒险的想法，让我们不得不应付棘手的法律问题和歇斯底里的父母们。直到找到安妮塔·加拉维费托(Anita Garaway-Furtaw)，我们才松了一口气。她在儿童发展方面获得了国家认证，她帮助我们整理了国家级和州级法律及标准，现在这些法律及标准已成为我们家庭办公环境的常规和惯例。

经过安妮塔的点拨，我们开始了一场更大的社会改革，那就是产假。当一个又一个母亲带着湿漉漉的新生儿从产房驾临办公室时，安妮塔表示，她的员工开始公开抵触工作了。当我天真地宣称员工只能带至少 8 周大的孩子过来时，父母们针锋相对地回答道："那我们该怎么吃饭，该怎么还房贷呢?"他们叫嚣着，威胁要辞职。

关于儿童保育的讨论总是充满戏剧性的开场。我们同意在员工留在家里照顾婴儿期间向他们支付工资，而且还增加了福利，告诉他们父亲也可以享受产假。随着时光流逝，当年日托中心的一些孩子自己也成了父母、成了我们的员工，我们的政策则已经变成联邦法律——这很大程度上要归功于安妮塔的游说。

——马琳达·彭诺耶·乔伊纳德

图 46：凯尔·斯帕克斯（Kyle Sparks）/摄

扩张使我们必须做出一些改变。1984 年，我们将大太平洋钢铁厂（Great Pacific Iron Works）改名为洛斯特阿罗公司（Lost Arrow Corporation），将之作为另两家公司的控股母公司，即设计、制造和分销服装的巴塔哥尼亚公司（Patagonia, Inc.）以及设计、制造和分销五金工具的乔伊纳德设备公司。我们成立了一家新的大太平洋钢铁厂来运营零售商店，巴塔哥尼亚邮购公司（Patagonia Mail Order, Inc.）则成为一家独立的实体。那年我们建造了一幢新的洛斯特阿罗行政大楼，大楼里没有一间私人办公室，连管理人员也没有私人办公室。这样的建筑布局有时候会对人造成干扰，但有助于保持交流的公开、顺畅。管理层在一片宽敞的开放区域里一起办公，员工们很快就给这片区域起了个绰号“畜栏”（corral）。我们提供了一个供应健康食品的自助餐厅，员工们全天都可以聚在那里。在马琳达的坚持下，我们还在公司开设了一个办公室儿童保育中心，名叫“大太平洋儿童发展中心”（Great Pacific Child Development Center, Inc.）。那时全国只有 120 家这样的机构，现在则有 8 000 多家。孩子们在院子里玩耍、和父母在餐厅里共进午餐的场景，让公司有了更多的家庭氛围。我们也允许员工轮班和按弹性工作时间上班，这更多是让那些刚刚晋升为父母的员工享受的福利，但其他员工也可以享受。

我们不曾刻意与墨守成规、压抑创造力的传统企业文化决裂，在更大程度上，我们仅仅是在努力坚守自己的传统。这份传统曾经一度显得特立独行，但现在已经不再是这样。许多美国企业都已经采用了更随意的办公场所，而我们在这股潮流中充当了先头部队的角色。

然而，在发展公司的过程中，我们采用的是传统教科书中传授的方法：扩大产量，发展新的经销商，开设自己的新店面，以及开发新的国外市场。不久之后，我们就陷入了过度扩张的危险之中。我们的过度扩张几乎超出了我们原本的利基市场——专业的户外市场的规模。到 20 世纪 80 年代末，如果公司继续按照当时的态势发展下去，将会在 10 年内拥有 10 亿美元级的资产。要达到那个理论上的 10 亿美元，我们就得在大卖场或者百货公司销售。这违背了曾经是最好的五金工具制造商的我们最初确立的基本设计原则。一家想生产世界上质量最好的户外服装的公司可能拥有像耐克一样的规模吗？一家只有 10 张桌子的三星级法国餐馆加了 50 张桌子后还能保住自己的三星吗？鱼与熊掌，你能兼得吗？随着巴塔哥尼亚的发展，这个问题在整个 20 世纪 80 年代都困扰着我。另一个问题让我更加困扰，那就是自然环境的恶化。当我回到那些我曾经去过的地方，如尼泊尔、非洲、波利尼西亚（Polynesia），去攀登、冲浪或者钓鱼，当我看到上次到访之后几年内这里发生的变化，我第一次亲眼见证了这股恶化的态势。

我继续实践着我的 MBA 管理理论，即缺席管理。与此同时，我穿着我们的服装，使用着我们的装备，在喜马拉雅山脉和南美最极端的气候条件中亲身进行着测试。1981 年，我和三个朋友在尝试攀登四川 7 500 多米高的贡嘎山时，触发了一场雪崩。我们被雪崩带着滚了 450 多米，在距离一个近百米高的峭壁边缘大约 10 米的地方停了下来。一位朋友因为摔断了脖子而罹难，另一个摔断了背，我摔得脑震荡，还断了肋骨。我对攀登 7 600 米以上的山峰本就没有太大兴趣，现在发生了这场事故，再加上我还有两个年幼的孩子，我的兴趣就更寡然了。我是那个出门在外、负责带回新点子的人，一家公司需要有人出去闯荡，去触摸世界的脉搏。所以多年来，我总是带着关于产品、新市场或新材料的点子兴奋地回到家。接着我开始见证世界迅猛的变化，我带回家越来越多的是环境和社会所遭受的破坏。

在非洲，随着人口的膨胀，森林和草原正在消失。全球变暖正在使冰川融化，而冰川曾经是这片大陆攀登史的一部分。艾滋病和埃博拉病毒正是与人类滥伐森林和大规模猎捕野味（包括被感染的黑猩猩和果蝠）同时出现的。

苏联解体前，在前往苏联远东地区的一次皮划艇旅行中，我发现苏联为了在军备竞赛中赶上美国，已经对他们的国家进行了许多破坏。他们的石油、矿藏和木材开发已经毁坏了他们的土地，失败的工业发展则污染了城市和农田。他们正在寅吃卯粮。

在我们自己的家园，我发现南加利福尼亚残存的海岸线和山坡正在遭受无休止的铺筑。我在怀俄明州度过了 30 个夏天，看得到的野生动物逐年递减，抓到的鱼越来越小，还得连续数周忍受让人浑浑噩噩的 32℃创纪录高温。但是，严重的环境破坏大多是眼睛所看不到的。通过阅读，我对环境问题有了更多的了解：表层土和地下水正在快速流失，热带森林正被滥砍滥伐，濒临灭绝的动植物和鸟类品种正在不断增加；

而生活在曾经原始的北极圈的人们则被警告不要食用当地的哺乳动物和鱼类，因为这些动物正受到来自工业国家毒素的危害。

与此同时，我们渐渐意识到，那些热忱的小群体为了拯救我们的栖息地而发起的艰苦斗争可能是卓有成效的。第一个教训发生在 20 世纪 70 年代初，就在我们的家门口。我们一群人去当地的剧场观看一部冲浪电影，电影结束时，一位年轻的冲浪者邀请观众们去参加一个市政会议，为反对在文图拉河河口挖掘河道、开发文图拉河的城市计划发声。文图拉河河口是当地最好的冲浪点之一，距离巴塔哥尼亚的办公室只有 450 多米。

我们几个人去参加了市政会议，抗议政府计划可能对我们的冲浪点造成的破坏。我们依稀知道，文图拉河曾经是硬头鳟的主要栖息地。实际上，20 世纪 40 年代，每年有四五千条溯河产卵的虹鳉鱼和几百条大鳞大马哈鱼游经这条河。后来这里造了两座水坝，造成了河水的分流。除了冬雨，河水的唯一来源就是那座一期污水处理厂。在市政会议上，几位市政府雇用的专家作证说这条河已经死了，挖掘河道并不会对河口残存的鸟类或其他野生生物造成什么影响，也不会影响冲浪点。

图 47

图 47：1920 年，当地男孩和他们在文图拉河的梯科渡口（Tico crossing）附近捕到的硬头鳟。

图48

接着，一位年轻的研究生马克·卡佩利（Mark Capelli）用幻灯片播放了他沿河拍摄的照片，拍的是在柳树上栖居的鸟类，在河口产卵的麝鼠、水蛇和鳗鱼。当他播放到一条硬头鳟幼鳟的幻灯片的时候，全场都起立欢呼了起来。是的，仍然有几十条硬头鳟会来我们的“死水”产卵。

开发计划取消了。我们为马克提供了办公地点、邮箱以及一些资助，以帮助他继续这场护河之战。随着更多开发计划的出现，“文图拉河之友”（Friends of the Ventura River）致力于挫败这些计划、整治河水并增加河水流量。我们为了阻止污水处理厂的二期工程而四处游说，之后则是三期。野生生物的数量增加了，河里有了更多的硬头鳟来产卵。马克教会了我们两件重要的事：草根的努力也会有所成效，以及经过努力，受到破坏的栖居地是能够得到修复的。我们受到他的启发，开始向致力于拯救或修复自然栖居地的小型团体定期捐款，而不是将钱交给员工众多、间接成本高昂并有着复杂企业关系网的大型NGO（非政府组织）。1986年，我们承诺每年向这些团体捐出10%的公司利润。之后，我们又将捐款增加到了销售额的1%或税前利润的10%，哪个更多就以哪个为准。无论公司兴衰，我们每年都信守着这个承诺。

1988年，我们发起了我们的第一个全国环境运动，目的是支持一项为优胜美地山谷去城市化的替代性总体规划。我们征集了一些文章，然后印刷在商品目录上，并在我们的商店里开辟了陈列区域。随着我们越来越深入地参与环保事业，我们又发起了一些运动，比如保护鲑鱼、恢复河流生态、反对转基因生物、支持“荒野计划”（Wildland Project）等；在欧洲，我们也反对造成阿尔卑斯山脉严重污染的货运交通。

图48：文图拉河河口。2011年，吉姆·马丁（Jim Martin）/摄

我们相信全球化和自由贸易是错误的，马琳达还自费拍摄了反对北美自由贸易协定（NAFTA）、关税及贸易总协定（GATT）的广告。

我们还意识到，除了处理这些外部危机，我们还要注意公司内部，减少我们作为一家企业所造成的污染。我们于 1984 年开始废纸回收，大费周章地寻找货源，以便在印刷商品目录时使用再生材料含量更高的纸张。我们是美国第一家使用再生纸印刷商品目录的公司，第一季度的成品惨不忍睹。尚在实验中的纸张还不能很好地保留墨迹，印刷出来的照片和颜色都是模模糊糊的。但光是那第一年，因为使用再生纸，我们节约了 350 万千瓦时的电量、230 万升的水，减少了 23 500 多公斤的大气污染物、近 1 200 立方米的固体垃圾，避免了 14 500 株树木受砍伐。第二年，纸张的质量得到了大幅提升。在建造和改建工程中，我们也进行了调研，并率先使用了再生的、可重复利用的、有毒物质含量较少的材料。我们与韦尔曼（Wellman）以及莫尔登纺织厂合作开发了再生聚酯，用于 Synchilla 抓绒衣的生产。我们发现，25 个 1 升装水瓶或汽水瓶就能生产出一件 Synchilla 抓绒衣。

同时，我们还在继续扩张。20 世纪 80 年代末，我们在众多前沿领域收获了大量成功，以至于我们开始相信公司将会一直扩张下去，永远不会停歇。我们计划要继续这样前进。

这并不是说扩张很容易。我们其实是在艰难地支撑着这样快速的增长率。由于增长过快，我们的办公室经常不够用，供应商、银行、内部信息系统和管理人员也经常应接不暇。似乎每过几年，我们就得购买一台更大型、更强大的计算机。即便现在，我也不用电脑，对任何电子设备都不感兴趣，但有一天，我想我至少应该到机房去转转，看看被大家称为罗斯科（Roscoe）的 IBM System/38。我看着这台庞大的金属机器惊呼道："我为了这玩意儿花了 25 万美元！"

"不是的，"经理说，"这是空调设备，罗斯科在那儿。"我和马琳达经常和管理人员争论，让他们保持一个更节制或更"自然"的增长方式，尤其是在批发销售方面。但同样还是对这些管理人员，我们也会向他们施压，让他们扩张零售和邮购业务，以追求更直接的客户关系，并通过开发国际市场平衡国内市场淡季的业务。

图 49：一则巴塔哥尼亚公司反对转基因食品的广告。

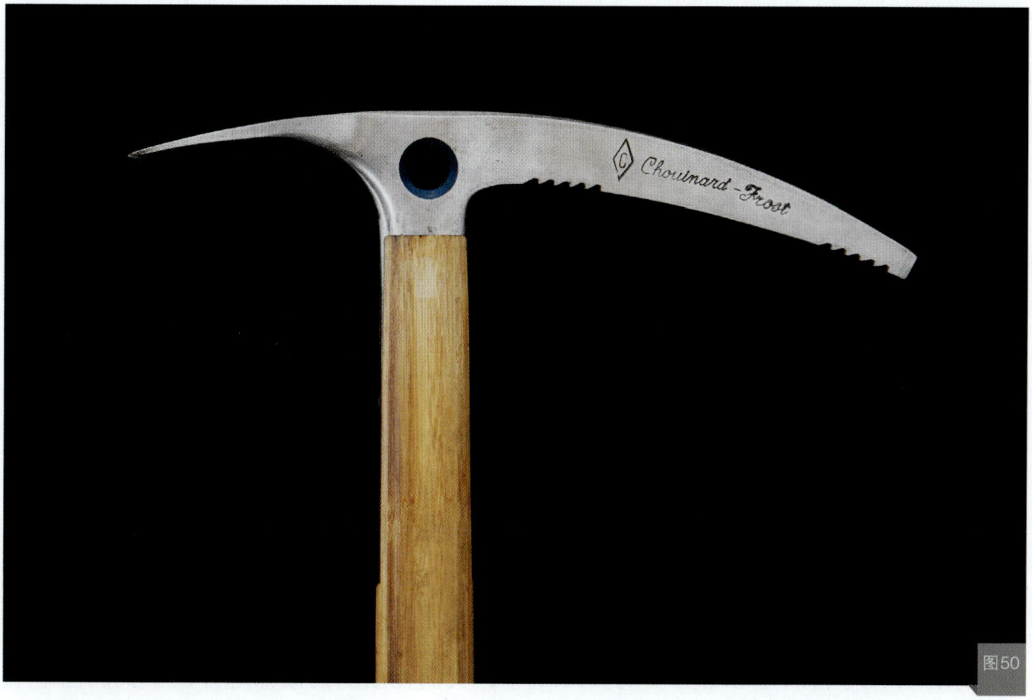

图50

我们也在催促员工开发新的运动专用产品线，到1989年时，我们的产品包括适用于所有户外运动的保暖衣和内衣，以及适用于登山、滑雪、划艇、钓鱼和帆船运动的技术外套。增长同样还是主要来源于技术性没那么高的运动服饰，而且大部分都来自批发销售。另外，新的运动专用产品线总是有质量、货运和销售等方面的问题。总体来说，产品的孵化期从一年减缓到了两年。

公司遭遇的第一个重大危机不是来自销售问题，而是法律纠纷。20世纪80年代末，那时还属于我们的乔伊纳德设备公司遭遇了好几场诉讼。这些诉讼没有一桩是关于装备质量问题的，也都不是由攀登者发起的。控告我们的是擦玻璃工、水管工、舞台工作人员，是因参加了使用我们的攀岩绳举办的拔河比赛而崴了脚的家伙。诉讼理由都是我们没有进行适当警告，即对于我们的装备，我们没有就一些意料之外的用途警告这些顾客其中固有的危险。接着是一个更严重的官司，控告者是一名律师的家人，这

图50：乔伊纳德设备公司的竹柄冰镐在纽约的现代艺术博物馆展出，这是讲究艺术还是实用功能呢？ 奥拉夫·安德森/摄

名律师因为在初级攀岩课上不正确地绑缚了我们的一款安全绳而意外身亡。

诉讼律师认为乔伊纳德设备公司和巴塔哥尼亚公司是同一家公司，既然巴塔哥尼亚生意这么兴隆，他们大可以从中获利。我们的保险公司拒绝参与所有诉讼，与原告们进行了庭外和解。我们的保险费在一年内上涨了 2 000%。乔伊纳德设备公司最终申请了破产保护，走这一步是为了替员工们争取时间，好让他们聚集资金买下公司。他们成功地买下了公司资产，将公司搬去了盐湖城，成立了他们自己的公司，即黑钻股份有限公司（Black Diamond Ltd.）。

不打官司的时候，公司的国际业务又让我们夜不能寐。我们在欧洲的起步充满坎坷，连连亏损。我们与经销商和分销商的关系破裂，而在欧洲和日本的第一批管理人员表现也很差。克丽丝·麦克迪维特感到公司的经营涉及越来越多的技术性问题，觉得我们需要一个真正意义上有更多商业经验的 CEO，于是我们雇用了一个，而她则继续管理我们的品牌和形象。

我们认为要想将我们完整的故事呈现给国内外的消费者，在一些重要城市以及休闲娱乐区开设零售店是非常必要的。1987 年，我们在法国的霞慕尼开设了我们位于欧洲的第一家商店，那里是阿尔卑斯式攀登世界的大本营。1989 年，我们又在东京开了一家店。1986 年，我们首次在文图拉之外的旧金山开设了一家店铺，从那以后，我们一直以每年开设两家新店的速度在国内开设新店铺。我们的大部分店铺都取得了开门红。

巴塔哥尼亚邮购公司面临着更大的困境，主要是因为我们拒绝采用传统的产业发展战略，即租借邮寄名单向同样的人群邮寄“新”的广告目录，但它们实际只是换了一个封面。我们在这样的限制条件下运营了将近 10 年，也没有找到行之有效的替代方法。我们同样不知道该怎么有效地管理邮购库存，因此大吃苦头。最终的结果就是库存一直积压到季末，然后被集中送回到批发销售部门，批发销售部门的人只能通过规模一年大过一年的大甩卖处理掉这些商品。

对邮购渠道而言，货物积压是一个普遍存在的现象，批发销售部门确实成功地部分避免了这个问题。我们拒绝将产品出售给向我们抛出橄榄枝的百货公司和体育用品连锁店。我们将经销商的数量减半，与最值得信赖、最忠诚的经销商建立了更为紧密的联系，但批发销售仍旧依赖于产品线中部分产品的增长，且更多依赖的是其非技术部分。因为需要跟一些老牌的专业公司进行竞争，我们很难在划艇、帆船和飞钓运动中打开市场。我们担心我们的形象可能会太过柔弱，且会与运动衣过多联系在一起。

为了恢复类似于乔伊纳德设备公司的那种企业氛围，我们将产品线分成了 8 块，并雇用了 8 名产品老大管理这些产品线。每人都只负责属于自己那块产品的开发、营销、库存、质控，以及与批发、邮购、零售这三个销售渠道之间的协调。1990 年，我们制定好了财务和生产计划，预备再度取得 40% 的年增长。我们预先增加了 100 名员工，以避免在人员上捉襟见肘。我们还扩建了旧屠宰场来容纳这些新员工。

现在回过头去看，我发现我们把一家扩张中的公司会犯的典型错误都犯了个遍。我们没能为新雇的公司领导者提供适当的培训，8 个各自为政的产品部门、三条营销渠道，这样的管理强度已经超出了管理层的管理技能。我们从未制定出鼓励他们协同工作、以公司总体目标为上的机制。

最后，我们不得不终止了多项计划。要想将针对特定市场的产品开发与如此复杂的分销机制匹配起来，这成了一个无人能解的魔方难题。公司的组织系统图看上去就像报纸周日版上的纵横字谜，它的更新频率几乎也跟报纸周日版的发行频率差不多。5 年内，公司重组了 5 次，但没有一个方案比前一个效果更好。

我们觉得公司需要一个不同的视角，于是我和马琳达以及我们的 CEO、CFO 一起，向一位有名望的顾问寻求帮助。我们联系了迈克尔·卡米博士（Dr. Michael Kami），他曾为 IBM 做过战略计划，并且曾一度扭转了哈雷戴维森（Harley-Davidson）摩托车的局面。我们一起飞去了佛罗里达见他。卡米博士是个 70 多岁的小个子男人，声音尖利，口音很重，留着一脸胡子，看上去精力无限。他住在一艘巨大的游艇上，头戴船长帽，穿着一件有肩章的开襟衬衫。

他说，在他能给我们任何帮助前，他想知道我们为什么要经商。我把公司的历史跟他讲了一遍，还告诉他，我其实把自己视为一个工匠，只是碰巧办了一家成功企业而已。我说，我一直拥有这样一个梦想，等我有了足够多的钱，就出发去南太平洋航行，去寻找最完美的海浪和最好的北梭鱼浅滩。我们告诉他，我们之所以没有卖掉公司去过退休生活，是因为我们对这个世界的命运感到悲观，觉得有责任用自己手头的资源来做些事情。我们跟他说了我们的“什一税”项目，我们怎样仅在上一年就向200多个组织捐出了百万美元，以及我们经商赚钱的最重要的原因是为了能有钱捐款。

卡米博士想了一会儿，然后说道：“我觉得这都是废话。如果你真的很看重捐钱这回事，你可以以几亿美元的价格把公司卖掉，自己留个几百万，用剩下的钱建立一个基金。那样你就可以把本金用于投资，然后每年捐出600万或800万美元。而且，如果你找对了买主，他们可能会继续你的什一税项目，因为那是很好的广告策略。”

我的经理们表示了反对。

“你们在担心什么？”卡米博士转向他们说道，“你们还年轻，会找到别的工作的！”

我说，我担心如果卖了公司，不知道公司会遭遇何种变故。

“那么在你为什么要经商这件事情上，”他说，“你可能是在欺骗自己。”

这就仿佛是禅宗大师的当头一棒，只不过我们非但没有得到启示，离开的时候反而变得更加困扰了。

1991年，经过了这么多年每年30%～50%的年增长率，并在努力坐拥一切之后，巴塔哥尼亚进入了“撞墙期”，那时我仍在思考我经商的真正原因。国家经济进入了衰退期，我们一直想要实现增长，并以此为目标购入了存货，现在增长却停止了。我们的销售危机并不是业绩同比下降造成的，而是因为较前一年仅有20%的增长！然而，这差强人意的20%的增长几乎将我们置于死地。经销商开始取消订单，库存开始增加。邮购业务和国际市场的销量都没能达到预期，货物也都纷纷被退回。我们尽可能地减少春季和秋季的产量，停止了招聘，取消了不必要的旅行，放弃了新产品，停止了和边际卖家的合作。

危局很快就继续恶化。我们主要的贷方太平洋证券银行（Security Pacific Bank）自己也陷入了财务困境，所以大幅削减了我们的信用额度——几个月之内削减了两次。要想将我们的贷款限制在新额度内，我们就得大幅削减开支。我们计划关闭伦敦、温哥华和慕尼黑的办公室及销售展厅，我们解聘了CEO和CFO，让克丽丝·麦克迪维特回到了 CEO 的职位上。我们请来了我们在欧洲的经理阿兰·德沃尔戴尔（Alain Devoldere），让他暂时担任首席运营官。

我们从来没有为了减少日常经费而辞退过员工，实际上我们从来没有以任何理由辞退过任何人。这不仅是因为这家公司就好像是一个大家庭，而是因为对许多人来说，它就是家，因为我们一直都在雇用朋友、朋友的朋友和员工的亲戚。夫妻、母子、兄妹、表兄弟姐妹、堂兄弟姐妹和姻亲们不是在一起工作，就是在不同的部门工作。裁员对任何一家企业来说都不是令人愉快的景象，但对我们公司而言，这简直令人难以想象。随着裁员的可能性越来越高，公司里的紧张气氛变得令人难以忍受。我们考虑了一些其他方法，比如减薪、减少工作时间，但最后我们认为只有裁员才能解决我们的问题：我们在扩张阶段雇用了太多新人，而他们现在的工作量微乎其微。1991 年 7 月 31 日，一个黑色星期三，我们裁掉了 120 名员工，占了员工总数的 20%。这必然是公司历史上最黑暗的一天。

我很快意识到，我们的危机是当时世界的一个缩影。世界观察研究所（Worldwatch Institute）当年（1991 年）的《世界现状》（*State of the World*）报告称："伴随着 20 万亿美元的年产量，现在世界经济在 17 天内的产量相当于 1900 年一整年的产量。经济活动已经突破了许多地方、地区和世界能够承受的临界值，造成了沙漠的扩张、湖泊和森林的酸化、温室气体的累积。如果增长继续按照最近几十年的节奏发展，全球系统因为压力而崩塌只是时间问题。"

我们公司的发展已经超出了它所拥有的资源和极限，我们像世界经济一样开始依赖难以为继的增长。但身为一家小公司，我们无法忽视问题，指望其自行消失。我们必须重新思考什么对我们是最重要的，并制定新的对策。我们不得不开始打破规则。

我带着 10 多位高层管理人员去了阿根廷，去了真正的巴塔哥尼亚风起云涌的山脉，在那里做徒步旅行。在漫步于那些无人之境的过程中，我们问自己为什么要从商，以及我们想让巴塔哥尼亚成为怎样的企业。是一家市值 10 亿美元的公司吗？这本身没有问题，但如果那意味着我们不得不生产我们无法引以为傲的产品，那可不行。我们还讨论了可以做些什么来化解我们公司造成的环境危害。我们探讨了我们共同的价值观，以及将所有人吸引到巴塔哥尼亚而不是其他公司的共同文化。

回来之后，我们组建了第一个董事会，成员都是一些值得信赖的朋友和顾问，其中之一是作家兼深层生态学家杰里·曼德（Jerry Mander）。在一次董事会中，当我们还在纠结该怎样将我们的价值观和使命转化为文字时，杰里没吃午餐就自顾自走了。回来的时候，他带来了一篇精雕细琢的文章。我们知道，疯狂的增长威胁着使公司取得目前成就的价值观，但那些价值观没法以备有标准答案的行动指南的形式表达出来。我们需要一些理念性和启发性的指导，以确保我们总是能够问出正确的问题，并找到正确的答案。我们将这些指导称为经营哲学，每个主要部门和职位都备有一份。

在公司管理人员们讨论该采取什么步骤来解决销售和现金流危机的时候，我则开始带领员工们进行为期一周的员工研讨会，来探讨这些刚刚写就的经营哲学。我们一次带一车人，去优胜美地或者旧金山北面的马林海岬（Marin Headlands）露营，大家聚集在树下谈话。这么做的目的是，将我们的企业伦理、环境伦理和价值观传达给公司里的每一位员工。最后，我们的资金紧张到负担不起租车的费用，于是我们只能在本地的洛斯帕德雷斯国家森林公园（Los Padres National Forest）露营，但我们没有停止过培训。

现在我意识到，在那个性命攸关的时期，我试图将我作为一个个体，一名攀登者、冲浪者、划艇和飞钓爱好者所领悟到的东西逐步地灌输到我的公司。我一直都在试图将自己的生活过得尽量简单，到 1991 年，因为了解当时的环境状况，我已经开始食用食物链更底层的食物，并减少对物质商品的消费。进行高风险运动教会了我一件重要的事：永远不要超出你的极限。在这些运动中，你会挑战极限，似乎活着就是为了那些走在边缘的惊险一刻，但你不会跨过这个边缘。你必须对自己坦诚，你必须了解自己的能力和极限，量入为出地生活。这同样适用于企业。一家公司越早背离自己的本质，就会越早想要“坐拥一切”，就会越早消亡。是时候在我们的公司里用上一点禅宗哲学了。

我虽然在给员工们上着巴塔哥尼亚经营哲学课，却仍不知道要做些什么才能让公司摆脱当时的那团乱麻，但我确实知道公司已经难以为继。

这是杰里·曼德那天给董事会看的文章

我们的价值观

我们起步的大环境是地球上的所有生物都正处于一个性命攸关的时刻。在这一时刻，生存将会成为公众越来越关心的问题。如果这个问题不说成是生存的话，那么就是人类的生活质量以及自然状况的恶化，后者具体表现在生物多样性、文化多样性及地球的生命保障系统的退化。

造成目前状况的根本原因在于我们的经济系统中所蕴含的基本价值观，包括企业价值观。问题丛生的企业价值观中，首当其冲的是将扩张和短期利润凌驾于对其他内容的考量之上，比如品质、可持续性、环境健康和人类健康，以及成功社区等。

本公司的根本目标是以这样的方式进行运营：在生产能改善人类状况和环境状况的产品的同时，充分认识到上述状况，并尝试为企业价值观的优先级进行重新排序。

为了实现这些变革，我们将会基于以下价值观进行运营决策。这些价值观排序并非基于重要性，每一项都同等重要。它们代表了为缓和当代环境和社会危机，经济活动中必须强调的价值观“生态系统”。

- 公司的所有决策都基于环境危机这个大背景。我们必须努力做到不产生任何环境伤害。只要可能，我们的行为就应该有助于问题的缓解。在不断寻求改善的同时，我们将会对我们在该方面的活动进行不断的评估和再评估。
- 产品的品质将会获得最大的关注，所谓“品质”指的是耐用性、最小限度地使用自然资源（包括材料、原始能源和运输）、多功能性、不易过时，以及绝对胜任于用途的“实用之美”。稍纵即逝的市场潮流尤其不会受到公司的考量。
- 董事会和管理层意识到成功的社群也是可持续环境的一部分，我们将自己视为社群必不可少的一部分。这些社群包括我们的员工、我们生活在其中的社区、我们的供应商和顾客。我们意识到我们对所有这些关系所负有的责任，我们做决策时需要考虑到他们的总体利益。我们的方针是雇用那些与本公司具有共同的根本价值观，同时呈现出文化和种族多样性的员工。
- 我们追求利润，但不以盈利为首要目标。增长和扩张并不在本公司的基本价值之列。
- 为了减轻我们的企业活动对环境造成的负面影响，我们对自己征收一项年度税，税金为我们总销售额的 1% 和利润的 10% 中较高的那个金额。所有税款将会用于本地的社区和环保运动。
- 巴塔哥尼亚鼓励在公司的各个层面，包括董事会、管理层和员工，积极主动地推进我们的价值观。这包括影响更大范围的企业社群，使他们也对自己的价值观和行为做出调整，以及通过实际行动和经济支援，为致力于解决当今环境危机和社会危机的基层民众和全国性环保活动家提供支持。
- 在公司内部，高管们会作为一个团队以最大的透明度一起工作。这包括一项“开卷”政策，即在个人隐私和“商业机密”规定的正常界线内允许员工方便地获悉公司决策。在各个层面的公司活动中，我们都鼓励开放的沟通、合作的氛围以及最大程度的简约，同时我们也追求活力和创新。

——伊冯·乔伊纳德

图51

图52

图 51：巴塔哥尼亚公司的员工在阿根廷巴塔哥尼亚的徒步之旅。1991 年，克里斯·凡·戴克（Chris Van Dyke）/ 摄

图 52：经营哲学课。旧金山马林海岬，巴塔哥尼亚公司 / 提供

我们应该将视线从“美国商界”转移，向易洛魁人[①]和他们的七代计划看齐。易洛魁人才是管理和可持续生活的典范，他们会在决策过程中选出一个人代表他们未来的第7代子孙。如果巴塔哥尼亚可以度过这个危机，我们就必须设想公司会存续100年，并以此为前提进行所有决策。我们必须以百年内可以为继的速率发展。

在上课过程中，我也找到了卡米博士问题的真正答案。在经商35年后，我知道了我为何要经商。我想将钱捐给环境事业，这是实话，然而我更想做的是，将巴塔哥尼亚塑造为一个典范，可以让其他公司在探索环境管理和可持续发展时有所参照，就像我们的岩钉和冰镐成为其他装备制造商的参照一样。在上课过程中，我又想起了自己一开始是怎么成为商人的，是因为我从山里回到家的时候，满脑子想的都是要如何改进我穿过的每件衣服和我用过的每件工具。在上课过程中，我意识到高质量标准和经典的设计原则对巴塔哥尼亚公司起到了巨大的推动作用。我们生产的产品，每件衬衫、夹克，每条裤子的每个特性都一定得有其必要性。但是，我们为什么没提到乐趣呢？

1994年6月12日
收件人：艾莉森（Alison）
发件人：克丽丝·麦克迪维特
回复：乐趣

亲爱的艾莉森：

为什么“使命陈述”（Mission Statement）中没有提到乐趣呢？我不知道，但这可能是个好问题。

乐趣消失了吗？它去了哪里？什么时候消失的？我们暂时假设你是对的，乐趣应该是巴塔哥尼亚企业文化的一部分。我当然希望就算人们不是在享受乐趣，至少也是在愉快地一起工作。但如果我们在工作中没有享受到乐趣，让我来替你想想这个问题的答案——我们就怪伊冯吧。

他是我们之中第一个意识到世界正在走向生态灾难的人，是第一个知道我们都是绑

① 易洛魁（Iroquois）是一个北美印地安人的联盟，由多个部落组成，大约在13世纪成立。联盟内部有一份协定，规定首领在做出决策时要考虑其对未来7代人的影响。——编者注

在一根绳子上的蚂蚱、一亡俱亡的人。他首先看了这方面的书，开始将碎片信息完整地拼凑起来；而那时候，除了为垃圾清理工做好垃圾分类外，我仍不知道自己还可以多做些事情。没错，我们没有将“乐趣”放进我们的“使命陈述”，我相信那是伊冯的错。

你瞧，至少我看到的是这样，要在地球和大部分地球生物都正在陷入严重而不可逆的困境的时候，继续使用我们过去的辞令，享受乐趣，活得特立独行，继续在商业或类似的领域中离经叛道，这有些困难。根据我的个人经验，一旦你开始明白某种自然灾难已经近在咫尺，你的整个世界观都会被颠覆。即便你决定仅仅做些力所能及的事，不要让自己葬身于此，你还是知道你已经知道了的事。记住，在公司里，我们每天都在就这个观点进行着循循善诱。所以，知道了我们在这种严峻形势中扮演的种种角色，我们很难不去重视。

没有什么可以阻止我们在工作中享受乐趣，也没有什么会让我们去贬损乐趣的价值，我们仍然记得该怎么享受乐趣。但我打赌，赌什么都行，那是种新的乐趣，一种倾着头、眯缝着眼睛的审慎的乐趣。

1991 年，转机来得相当快。一夜之间，我们成了一家目标更加明确、思路更加清晰的公司，我们将发展限制在了可持续进行的速率内，审慎地开支，深思熟虑地进行管理。三年内，我们取消了多个管理层级，将库存合并到了单个系统中，并对销售渠道进行了集中管理。将我们的经营哲学落实到白纸黑字上，加上那些分享公司文化经验的培训，这些对我们的转机的到来起到了至关重要的作用。我曾听说，聪明的投资者和银行家不会信任一家正在成长的公司，直到这家公司熬过了它的第一个大危机。如果那是真的，那么我们现在已经走到了这个阶段。

我很庆幸我没有听取卡米博士的建议。如果我卖了公司，将卖公司所得的收入投入股市，2008 年金融危机后，我可能就没有多少钱可以捐赠给环保事业了。如果我没有留在商场上，我就永远不会在付出了很多代价后意识到，巴塔哥尼亚的可持续发展和我们整个工业经济的可持续发展之间的相似性。

1992 年，《公司》杂志（*Inc.*）刊登了一篇对巴塔哥尼亚评价很负面的文章。文章在质疑我们是否能撑过 20 世纪 90 年代中结尾：“伊冯·乔伊纳德将他的公司吹捧为未来的典范，实际上，这个未来可能已经过去了。”

好吧，我们的确撑到了新世纪，事实上还干得不错。我们将发展控制在了我们称之为有机增长的程度内，我们没有靠偏离专业户外市场或背离我们的本质来谋求发展。我们让顾客告诉我们每年应该实现多少增长。这个增长有些年里可能是5%；有些年里可能是25%，2008年后的经济大衰退的那几年就是如此。衰退期内消费者会变得非常保守，他们不再购买愚蠢的时尚商品，他们会把钱更多地花在实用、多功能、可以长期使用的产品上。我们在大衰退中发展得十分蓬勃。

我们不仅实现了盈利，还因公司的业务重心获得了许多表彰奖项。我们被《职业妇女》杂志（*Working Mother*）评选为"《职业妇女》百佳公司"，《财富》将我们评选为"百佳雇主"。我们的商品目录和网站收到了《目录时代》杂志（*Catalog Age*）颁发的20项金奖或银奖。2004年，在最佳雇主协会（Great Place to Work Institute）和人力资源管理协会（Society for Human Resource Management）评选的"中型企业25佳"中我们名列第14位。

1997年，我们创立了美国戏水女孩股份有限公司（Water Girl USA, Inc.），为女性生产用于冲浪和水上运动的服装。考虑到将比基尼和我们攀岩及不修边幅的主打形象联系在一起有点风险，我们为这些产品起了一个不同的名字。后来，我们弃用了戏水女孩的名字，现在，我们骄傲地将巴塔哥尼亚的品牌用到我们所有的冲浪服装中。

除了为冲浪和其他水上运动制作服装、潜水服和冲浪板，我们还扩展了飞钓业务，为此开启了一条产品线，专门生产颜色自然、"不露声色"的服装，这样就能不醒目地身处自然之中了。这条产品线还为蓝领工人生产厚重耐穿的工作服。**我们对巴塔哥尼亚未来的愿景是，在山地和野外活动、海上和水上运动两方面平衡发展。**

我们扩大了在拉丁美洲、欧洲和亚洲的市场，努力在批发和零售之间达到平衡。我们的许多零售商店都是幸免于拆除的独栋旧大楼。我们在内华达的里诺（Reno）建造了一个LEED认证的绿色仓库，这座仓库在能源效率方面是最顶尖的。在位于加利福尼亚文图拉的公司总部，我们建造了一栋三层高的办公大楼，95%的建筑材料都是再生材料，大楼屋顶和停车场上都安装了太阳能电池板。

图53

图 53：拆除前的爱德华兹水坝（Edwards Dam）。1989 年，4 个环境组织结成了肯纳贝克联盟（Kennebec Coalition），旨在说服联邦能源管理委员会拆除爱德华兹水坝，把溯河产卵的鱼类带回河流。巴塔哥尼亚公司对此进行了捐助，还拍摄了宣传广告，并在当地和全国性的报刊上刊登了这些广告。2000 年，水坝被拆除。到 2005 年时，大肚鲱、条纹鲈、美洲西鲱、鲟鱼和鲑鱼都已经进驻了哈德逊河北部长达 27 公里的最长段的产卵场。接下去还要争取拆除的水坝有马迪利哈（Matilija）水坝、赫奇赫奇（Hetch Hetchy）水坝、克拉马斯（Klamath）水坝和斯内克河下游的水坝。
斯考特·佩里（Scott Perry）/ 摄

我们终于解决了如何管理多条产品线的“魔方”问题。我们创建了4个半独立的运动产品团队，每个团队都配有自己的领导、设计师、产品经理以及财务和营销人员，但没有独立的库存，所以每个团队的负担不会太大，也不至于太过复杂。

1994年，我们撰写了公司第一份内部环境评估报告。在报告中，我们开始思索我们的服装生产究竟对世界产生了哪些影响。1993年，我们首开先河，使用以再生苏打汽水瓶为原料的纤维来制作 Synchilla 抓绒衣。1996年春天时，我们的所有棉制品都是用有机棉制作的。

从1994年一直到今天，巴塔哥尼亚主要致力于整顿供应链，包括使用有机自然纤维和再生合成纤维，减少有毒染料和化学品的使用，改善劳动用工制度，以及在从最初生产到再生产的整个生命周期中，为我们的产品负起责任来。

不过，比起任何销售数字，甚至是任何一条产品线，让我们更自豪的是，自1985年以来，我们向大部分都是草根的环保活动者以现金或实物的方式捐赠了7 900万美元。我们衡量成功的方式是看我们解除了多少威胁：成熟的原始森林没有遭到皆伐，原始地区没有建立开采矿井，有毒杀虫剂没有被喷洒使用。我们关注的是我们支持环保事业的实际成果：损害生态的水坝被拆除，河流生态环境得到修复且河流再次被归为风景优美的天然河流，公园和荒野保护区得以建立。对于这些胜利，我们不能独领功劳，我们仅仅是为活动在前线上的环保分子提供了资助而已。在这些成果的环保倡议中，巴塔哥尼亚或者提供了种子基金，或者提供了主要的资助。

所幸，巴塔哥尼亚自1991年、1992年的危机到现在的历史，读起来并不太跌宕起伏和有趣。所谓“有趣”，我指的是“祝你生活在妙趣横生的时代”这句诅咒中的“趣”。在很大程度上，我们的大问题已经得到了解决，除了管理层为了保持公司处于良好飞行状态而捏造出来的危机，就没有其他危机了。“良好飞行状态”是一个驯鹰术语，指的是你的猎鹰处在警觉性高、饥渴但不虚弱且已做好狩猎准备的状态。我们的故事其实讲述的是我们如何奉行公司的使命陈述，而这个使命就是：**“做最好的产品，杜绝不必要的危害，通过企业活动激发并实施应对环境危机的解决方案。”**

图 54：在“典型的”苏格兰气候条件下进行产品测试。1969 年左右，道格·汤普金斯 / 摄

Philosophies

2

巴塔哥尼亚的创业哲学

过去10年中，我们犯过许多错，但从来没迷失过太久。商业世界与山不同，它的轮廓千变万化且毫无预警，在这样的商业世界中，只有粗略的地图才是有用的，而我们拥有的正是适用于这样粗略地图的经营哲学。

LET
MY
PEOPLE
GO SURFING

图 55：乔伊纳德 / 收藏

产品哲学

做最好的产品
杜绝不必要的危害

LET MY PEOPLE GO SURFING

THE EDUCATION OF A RELUCTANT BUSINESSMAN

"做最好的产品"是巴塔哥尼亚存在的意义和理由，也是我们的企业经营哲学的基石。努力生产品质最好的产品是我们当初进入商场的初心。我们是一家受产品驱动的公司，没有切实的产品显然就不会有任何生意，我们使命陈述的其他部分也就因此无关紧要了。拥有实用的高质量产品让我们的企业在现实世界中扎下了根基，也让我们得以扩展我们的使命。我们制造了世界上最好的攀登工具，这些工具是我们用户的命之所系，在这样的传统下，我们也无法满足于生产次好的服装。从宽松的短裤到法兰绒衬衣，从内衣到外衣，我们的服装必须是同类产品中的佼佼者。努力生产最好的商品也激励我们创立了最好的儿童保育中心、最好的生产部门，激励我们在工作中做到最好。"做最好的产品"是一个很难实现的目标，它不是指"最好的之一"，也不是指"某个价位上最好的"。

什么能使一件产品成为同类之中最好的？在公司早期，担任我们首席设计师多年的凯特·莱拉曼迪（Kate Larramendi）向我提出了质疑。她说，我们并没有生产世界上最好的服装，而且，如果我们确实生产了世界上最好的服装，那我们应该早就被淘汰了。

"为什么？"我问她。

"因为意大利的衬衫才是世界上最好的，"她说，"手工编织的面料、手工缝制的纽扣和纽扣眼，最终的产品毫无瑕疵。一件意大利衬衫的定价是300美元，我们的顾客不会愿意花这么多钱。"

我问道："如果你把你价值300美元的衬衫扔进洗衣机和烘干机会怎么样？"

"哦，你永远不会这么做的。因为这样做衬衫会缩水，所以必须干洗。"

对我来说，一件需要如此呵护的衬衫已经贬了值，因为我觉得方便打理是一项重要的属性，我永远不会拥有那样一件衬衫，更不可能制作和销售那样的衬衫。

如果我的首席设计师和我如此迥异地看待"品质"，那我们显然必须讨论并确定巴塔哥尼亚应采用的质量标准。《韦式词典》中对品质（quality）的定义是"卓越的程度"，最好的品质当然是最卓越的。有些人认为品质是主观的，对一个人来说卓越的东西对另一个人来说可能是平庸的。那么，他们指的可能是品位，其含义是"个人的偏好"。

图56

冲浪板的品质

我在儿子弗莱彻十几岁的时候告诉他，我不介意他将来靠什么谋生，但前提是他能学会一门用手工作的手艺。他选择了制作冲浪板，这很适合他，因为他有轻度的阅读障碍，而有阅读障碍的人比例感通常很好，他们能成为很好的雕塑家。

几年后，在儿子决定投身冲浪板制作的事业后，我试着鼓励他制作更好的冲浪板。“我做不到，”他说，“我做不出比艾尔（Al）和拉斯提（Rusty）做的更好的冲浪板。他们的冲浪板是最好的，他们的冲浪板性能是最棒的。”

我说：“但如果职业冲浪选手去塔希提岛或者印度尼西亚旅行，他们得带 6 ~ 10 块冲浪板，因为至少有一半会坏掉，你把这叫作质量好？”

“但大家的板都会那样坏掉。”他回答道。

我们意识到，耐用性并不是衡量冲浪板总体质量的主要标准。实际上，冲浪板只是时尚品，因为天真的年轻消费者往往会坚持购买与世界冠军使用的款式相同的板。你能想象得到这对他们有多管用！

在我说服弗莱彻制作更好的冲浪板后，他不得不把定义冲浪板品质和性能的所有标准都确定下来。

对于品质，他首先得将成品表面的所有审美元素囊括进去：在铺玻璃纤维时不能让磨光机刺穿玻璃纤维层从而暴露出泡沫芯，不能有气泡，不能有明显的细条纹等。然后，他得考虑会影响冲浪板耐用性的特性，比如抗断强度、抗压强度（脚后跟的压力会造成板材弯折）、抗紫外线降解、尾舵底座的强度、泡沫的吸水性等。性能的主要元素有板身速度（hull speed）、转向操纵性和划水特性。还有一些更难定义的标准，诸如“反应性”、音色和可弯曲度。

接着，弗莱彻得研究各种泡沫、木材和其他用来制作冲浪板纤维板嵴（stringer）的材料、玻璃纤维布及涂在外部的树脂。他制作了上百块板身，测试它们的强度、重量、可弯曲度以及抗脱层能力。同时，他还得制作上千块冲浪板，直到他自信他的制作技术不会扯他后腿。

最终结果是，他的冲浪板更轻、更牢固，性能可比肩其他冲浪板，并且更耐用。虽然一般冲浪者仍然不了解他们的冲浪板的品质如何，也没有对品质的需求，但是弗莱彻了解并有需求。

——伊冯·乔伊纳德

图 56：弗莱彻·乔伊纳德。 蒂姆·戴维斯 / 摄

图57

我的首席设计师和我最终不得不同意品质绝对是客观且可定义的，不然我们永远都没法制订出我们的设计标准。

最后，我们列出了一个标准清单让巴塔哥尼亚的设计师们参考，这个清单也同样适用于其他产品和业务。对一件产品的各个方面都有了定义清晰的品质标准后，要评价哪些是最好的衣服、汽车、红酒或者汉堡，就变得易如反掌了。但在考虑品质的时候，很重要的一点是不要犯将橘子和苹果做比较的错误。适合阿尔卑斯式攀登的外套是防水的，在城市里使用的雨衣也是防水的，这一件不一定比另一件更好，因为它们是不同类的。我们的目标是生产同类中最好的。

要判断一件产品是否达到了我们的标准，以下是每一位巴塔哥尼亚设计师必须要考虑的问题。

谁需要它

或许有一天，研究时尚的史学家们会将促使人们脱下灰色汗衫、在户外穿上五颜六色的衣服的功劳归功于巴塔哥尼亚，但我们同时也是将工业设计准则应用于服装设计的先驱之一，这才是我希望他们记住的东西。

工业设计的第一条规则是设计和材料应该服务于功能。巴塔哥尼亚的每一项设计

图57：在所有被发明的工具中，铁砧是最简单也是最完美的。 蒂姆•戴维斯/摄

都源于某个功能的需要。保暖内衣必须能通过芯吸作用带走潮气，必须透气、干得快。攀登夹克不仅要防水，还要允许手臂能全方位地移动，透气性更要足够好，这样才能排走攀登过程中产生的汗水。功能决定外观。

在时尚产业中，设计往往始于面料，然后才会想到用途。在巴塔哥尼亚，面料往往是最后才决定的，尽管新面料也能激发产品的创新，比如我无意中发现了那些制作足球服的聚酯纤维，并看到了其应用在攀岩运动着装中的潜力。面料表面的一些特点并不重要，我们感兴趣的是其实质。

即便是休闲服，我们也是从功能性开始考虑的。这件衣服是要在炎热的热带气候里穿，还是要在炎热的干燥气候里穿？它需要做成什么样子，需要有多合身？它是要织得松一些方便快干，还是要织得紧密些好尽量挡住蚊子尖利的口器？只有在确定了产品的功能需求后，我们才开始研究面料。另一方面，我们的面料部门始终在用危害更少的材料创造新的面料，比如大麻纤维、有机棉、再生聚酯和尼龙，之后我们再将这些创造出来的新面料应用到产品线上。

以服务于功能需求为出发点来进行设计，让我们得以关注设计流程，并最终制造出出众的成品。如果没有重要的功能需求，我们可能会最终生产出一件看上去很美的产品，但却很难说服自己为什么它需要存在于我们的产品线中——比如说：“谁需要它？”

有必要买吗

如果有一件工具可以实现两件工具的功能，那为什么还要买两件工具呢？我们是攀登者，得背着装备上山，而不是用越野车或卡车载着装备上山，这就促使我们把工具尽量做得能适应多种用途。尽量少带东西进山，这是许多户外爱好者的精神信条，也是非常实际的考虑。约翰·缪尔喜欢将他的必需品限于一个锡杯、一块不新鲜的面包和一件大衣。现在，少带东西进山还是出于保护环境的考虑。我们每个人拥有的每件东西在创造、销售、运输、存储、清洁和最后扔掉的每个环节中都会造成对环境的危害，这些危害要么是我们直接酿成的，要么是我们间接造成的。

对世间万象的责任感

图58

我最喜欢的工具是瑞典的格兰斯福斯·布鲁克（Gränsfors Bruk AB）生产的斧子，他们的斧子制造始于 1902 年。这篇文章来自他们商品目录的首页。

我们取用了什么，我们制作了什么以及如何制作，我们浪费了什么，这其实是个伦理问题。我们对世间万象负有无限的责任。我们一直在试图承担这种责任，但并不总是能承担好。产品的质量、产品服役的年限，这些都是这份责任的一部分。

制作高质量的产品是对顾客和产品使用者的尊重，是对他们负责的一种方式。在懂得如何使用和维护产品的人的手中，高质量的产品很可能会更加耐用。这对产品的拥有者和使用者来说都是件好事，但一定程度上，这对一个更大的整体也是一件好事：更耐用意味着更少地取用从而减少了材料和能量的消耗；意味着我们可以更少地生产从而赋予了我们时间去做其他对我们重要或有趣的事情；意味着我们将会更少地破坏从而减少浪费。

——格兰斯福斯·布鲁克

图 58：奥拉夫·安德森 / 摄

因此，当我们想要购买任何东西时，不妨既作为生产者，也作为消费者问问自己：这有必要买吗？我真的需要一件新的瑜伽服吗？用现有的东西，效果是不是够好？它还有更多的用途吗？

我们以前生产过一款小型攀岩背包，为了背部的舒适，背包内垫了一层薄泡沫板。这块板是可拆卸的，你可以把它取出来，在寒冷的露营地垫着坐。曾有一次，我的攀登伙伴在提顿山脉登山时摔伤了胳膊，用这块泡沫板和一些捆扎带，我为他受伤的胳膊做了一个再好不过的夹板。

你懂得越多，需要的东西就越少。有经验的飞钓手只用一根鱼竿、一点蝇饵、一种鱼线就能比带着全套工具和蝇饵的菜鸟钓到更多鱼。我永远记得梭罗的忠告："提防所有需要新制服的企业……"

有时候，一件为了某一活动而设计的产品用于另一项活动时，效果也出奇得好。我们制作的攀登夹克中有很大一部分最终并不是用在花岗岩岩壁上，而是在滑雪坡上。我们试图在设计时照顾到诸如此类的情况。无论你怎么做营销，最好的产品永远都是多功能的。如果你买了一件滑雪穿的攀登夹克，在巴黎或纽约的暴风雪天气里也可以将其穿在西装外面，这样就帮你省去了一个麻烦，不需要买两件夹克而其中一件一年会有 9 个月穿不着。你可以少买，精买。我们则少做一些款式，而做更好的设计。

我们也同样会生产用途有限的专业运动产品，比如攀登和滑雪运动中的夹克，飞钓运动中的背心、夹克、长筒防水靴、靴子，冲浪中的短裤、冲浪板和潜水服。我们这么做有两个理由。首先，对于我们提供服务的运动，我们想要为顾客提供从帽子到袜子的全套装备，这是我们同顾客之间的纽带的一部分。其次则是出于信誉。要成为受人尊敬的滑雪和飞钓运动用品商，我们就要生产最好的滑雪衫、最好的钓鱼背心，这些关键商品可以证明我们知道自己的业务核心是什么。

它耐用吗

这个问题同样源于我们做攀登装备起家的历史——我们的攀登装备必须经久耐用。而产品是否耐用，也是构成我们环境哲学的因素之一。

由于一件产品的总体耐用性取决于它最弱的组件，耐用性的终极目标应该是生产各部分磨损速度几乎相同，而且使用寿命长的产品。像李维斯或威格（Wrangler）牛仔裤这样高质量产品，可能在膝盖上磨出洞的同时，屁股上或口袋里也磨出了洞。相反，电子设备只要有一个元件损坏就差不多可以被处理掉了；昂贵的游泳短裤在含氯的游泳池里泡久了，腰部的松紧带就会失去弹性，而其他部分却还是看上去很新，这些都是最不耐用的例子。理论上，这样的游泳短裤和电子设备都可以修理，但相比于原来的购入价格，修理费就显得过于昂贵，因此这些产品通常就报废了。

有人曾说，穷人是买不起便宜货的。你可以买个便宜的搅拌机，结果第一次用来磨碎冰就烧坏了，或者你可以稍微等一等，直到负担得起的时候再买一个质量好、用得久的搅拌机。有趣的是，你等得越久，开销可能会越少。在我这个年纪，只购买“可以用一辈子”的产品就容易多了。为了让巴塔哥尼亚产品的每一个组件都能基本同样耐用，我们在实验室和实地不断进行着测试。直到某个部分损坏了，我们就加强那个部分；接着看下一个坏掉的是什么，再加强那个部分。以此类推，直到我们确信整件产品都是耐用的。

它能修吗

不论我们把衣服做得多耐穿，总还是会有需要修理的时候。那可能是营火烧出来的一个洞、攀爬大裂隙时磨坏的膝部，或是坏了的拉链——而最后一种则是造成产品缺陷的第一大原因。我们设计的所有东西都应该可以修理。例如，拉链应该被缝得很容易被拆下来进行替换，而不用将整件夹克“五马分尸”。

我们里诺的仓库拥有北美最大的服装修理设施。那里几乎保存着我们使用过的所有面料和镶边。我们的一些较大的店铺也可以进行简单的修理。我们还拍摄了录像，教用户自己进行修理。我们希望用户可以方便地将买到手的产品穿得尽可能长久。

图59

修理是一种激进行为

作为个人消费者，我们对地球最大的善行就是尽可能长久地使用我们的物品。对衣服进行适当的护理可以延长衣服的使用寿命，经年累月，这种简单的行为会减少我们购买的需要，因此可避免新产品生产过程中二氧化碳的排放、垃圾的产生和对水的使用。

为什么修理是种激进行为呢？修好本来可以扔掉的东西很不可思议，但其影响却是巨大的。作为一家服装公司的 CEO，我可以告诉你们，尽管我们致力于负责任地生产，但公司对地球的索取仍然多于回报。

我们生活在一种推崇更替的文化中。习惯上，我们确实会修理一些大件的东西，例如汽车和洗衣机，但总的来说，购买新物品要更加方便，也更加便宜。还有一些其他原因使我们不进行修理，比如产品的标签上会有自行修理产品将使保修无效的警告，或者缺乏自己修理所必需的信息和零件。

这些条件造就了一个以产品消费者为主体，而不是以产品拥有者为主体的社会。这两者迥然不同。拥有者能够对自己购买的物品负起责任，包括适当的清洁、修理、重复使用和分享。消费者则索取、得到、丢弃，然后再重复这个循环，这是一种让我们的生态环境逐渐枯竭的模式。

我要阐明的一点是，购买行为本身并不是问题（虽然很难不去注意，在最火热的购物季，购买行为确实有点过于疯狂）。毕竟，我们的生活依靠着各种各样以有害于地球的方式生产的产品，包括巴塔哥尼亚的产品，而无论我们付出了多少努力去减少对环境的影响，这种生活方式也不太可能很快改变。

图 59：奥斯丁·赛德克（Austin Siadak）正在犹他州印第安小溪（Indian Creek）修补自己最喜爱的 R1 连帽衫。 奥斯丁·赛德克 / 收藏

图60

真不敢相信，这条裤子来自专卖店。

——伊冯·乔伊纳德

那么，应对策略是什么呢？要削弱我们的集体消费主义，就需要制造物品的公司和购买物品的顾客共同承担起这份责任，但企业必须独立采取行动。

在巴塔哥尼亚，我们致力于生产高品质、来源可靠、耐穿且便于修理的服装，而且我们提供终生质保。2015年，我们里诺的修理中心进行了40 000多次修补，我们还对零售店的员工进行了培训，让他们有能力进行简单的修理工作（这部分修理工作又总计数千次）。我们和iFixit网站[①]行了合作，在我们的网站上发布了40多份巴塔哥尼亚产品的免费修理指南。我们不遗余力地为顾客提供各种机会，让他们自己修理装备，为装备找到新的主人，或在必要的时候回收装备。

我们恳请顾客使用我们提供的各种方法，通过只购买需要的物品、修理已经拥有的物品、想方设法重复使用物品并在物品真正寿终正寝的时候进行回收，从而减少物品对环境造成的日积月累的伤害。

但这远不止是一种潮流。虽然诸如理光（Ricoh）、得伟（DeWalt）、卡特彼勒（Caterpillar）和联想（Lenovo）这样的一些公司已经将修理和再制造纳入到经营的主要内容中，但大部分公司还是在制造容易损坏、必须更换的便宜货。消费者则已经习惯了寻找购买价格便宜的商品，因而适应了这种模式，从而助长了这样一个恶性循环。

产品不附带维修指南，这是经常发生的事情。在一些极端的例子中，企业甚至通过发明新型的专用螺丝或其他荒唐的东西来积极地阻碍修理。面对当前的环境危机，这种行为简直是不可饶恕的。然而事实却与此相反，有计划的停产反而被拥戴为聪明的营销。

透过气候变化，我们每年都感受到环境问题越来越大。作为个人，我们必须逆转当前过度消费的潮流。让我们的行动像个拥有者而非消费者，让我们更多地修理物品，而不是在并不真正需要的情况下再让地球负担一件新东西。

这是个激进的想法，但改变却可以从一针一线开始。

——萝丝·马卡里奥（Rose Marcario）

巴塔哥尼亚公司CEO

① iFixit是美国著名的专业拆解网站。——编者注

图60：巴塔哥尼亚公司/提供

它合身吗

非服装行业的人大可以庆幸自己不用考虑是否合身的问题。你将什么尺寸称为小号，又将什么尺寸称为中号；你是为身材匀称的人设计服装，还是为那些没那么匀称的人设计服装？一家公司给衣服设定尺码的方式始终会让一些顾客满意，而让另一些感到挫败并不再光顾。我们制作多种用途的服装，我们的顾客身材各异，各个年龄层都有。基于这些原因，我们使用了三个尺码：修身、常规和宽松。冲浪者和攀岩者一般更年轻、体型更匀称，所以这类服装很多都是修身款。渔夫和猎人的年纪则要相对大一些，身体更加健壮，更喜欢宽松一点的款型。

整个产品线的尺码标准应该一致。穿某款衬衫中号的人，在穿另一款衬衫时应该也适合中号。任何一件衣服都应该不用洗、一下架就能穿着合身，而且应该永远都不缩水。

功能性服装还存在其他有关合身的问题，它们也必须予以仔细考虑。产品是会被穿在其他衣服外面，还是被贴身穿着？需要穿宽松服饰的单板滑雪者或双板滑雪者可能也会穿为攀登运动设计的修身款产品。这种情况下，攀登者是该产品的核心顾客，所以以他们的需求为先，而单板滑雪者或只是偶尔需要的顾客如果想要同款服装，可以买大一号。一款滑雪裤如果裤腿没法方便地加长或剪短，则需要供应有各种裤长的产品。我们一些卖得好的款式还会提供 XXL 号和加长号。

它简单吗

宫本幸春（Koshun Miyamoto）曾叹服于自己剑术老师的妻子摆设的枯山水之美：粗砾砂铺就的方形空间以附近小溪里取来的三块石头相隔，传达了“空间张弛有度、富有感染力的意象”。剑术老师的妻子表示花园还不完美，直到她能“只用一块石头而不是三块石头表达出现在所具有的意蕴”才算完美。

由功能驱动的设计通常都是极简主义设计，或者说如同博朗公司（Braun）的首席设计师迪特尔·拉姆斯（Dieter Rams）所主张的："好的设计是极简的。"

复杂通常标志着功能需求未得到解决。以 20 世纪 60 年代的法拉利和凯迪拉克之间的差异为例。法拉利干净的线条很符合它高性能的目标，而凯迪拉克其实没有什么功能上的目标。凯迪拉克没有与它强大的马达相匹配的转向装置、悬挂系统、扭矩、空气动力学设计或刹车。但它的设计其实也不需要有任何功能性，它只需要传达权力和物质享受的概念，只需要传达这是一间悬浮在高速公路上、驶向高尔夫球场的起居室的感觉就可以了。于是，各种无用、艳俗的镀铬装饰被加到了原本就丑陋的外形上：尾有鱼鳍，前有胸脯。一旦不再以功能性作为设计准则，就会有各种异想天开的设计。而一旦设计了一台怪物，最终的产品看起来也多半是台怪物。

一件好的登山夹克不会是面料版的 60 年代凯迪拉克。更牢固、更轻盈的面料使我们不再需要在肩部和肘部用防弹衣布料加强。更新、更透气的面料让我们告别了用来透气的粗笨的腋下拉链。将前拉链做得足够防水，顾客就不再需要受到笨重的挡风片的束缚了。

产品线简单吗

我们很少有人会有时间、耐心或相应的知识去看着中国餐馆 12 页厚的菜单点单，或是在滑雪装备商店里，对着 50 副看上去一模一样的滑雪板进行挑选。

现代人拥有太多选择。他们厌倦了做决定，尤其是在需要付出很大努力才能做出明智决定的时候，例如，做出有些明智的决定需要你了解所有透气面料或防水面料之间的差别。对大部分人来说，要分清男女款式就已经是件难事了，更不要说分清各种面料了。世上最好的餐厅都提供套餐，最好的滑雪装备商店也已经知道哪款滑雪板最适合你的技术水平和购买能力。

由于巴塔哥尼亚以功能为先，我们会避免大杂烩式的生产方式。我们不会系统地效仿竞争者的最流行款式，结果却只是生产出 20 条功能雷同的滑雪裤。尽管如此，我们自己的产品线也会时不时地变得过于庞大，产品间的差异则变得过于微小。当这种情况发生的时候，我们就知道巴塔哥尼亚已经偏离了它自己的理念。

若我们的方向正确，每款滑雪裤就都应该有其独特的功能。我们为每一款产品都生产多种尺寸（包括女款），也提供足够的颜色选择。

当我们偏离了我们的理念，不论是出于什么原因，我们都得付出昂贵的代价。1991 年秋天，我们生产了 25 种不同图案、不同颜色的男女款法兰绒衬衫。我们的初衷是有限地生产相同数量的衬衫，让顾客自己决定更喜欢哪款。我们计划迅速地依照市场反应生产最热销款，抛售滞销款。但我们忘了考虑为一款最小存货单位为 125 件的产品进行设计、生产、仓储和印刷商品目录的费用。我们没有用方程式来告诉自己，每增加一种图案就会使我们的工作量指数级地增长。

如果仅仅是颜色和图案的增加就会使利润流失，那想想如果增加了款式会发生什么。我们得出了一个有趣的公式，巴塔哥尼亚在产品线上每新增加一件产品（同时不淘汰老产品），就需要多雇两个半员工。

表现最好的公司会把有限的产品做得很出色。相比于不太成功的对手，最好的公司生产产品的零部件用量要少 50%。零部件越少，意味着制造流程越快捷、越精简（成本也通常越低）。零部件越少，也意味着可能出错的环节越少，品质越能得到保证。虽然最好的公司不需要那么多的员工来进行质量监控，他们的瑕疵品却依然更少，造成的浪费也更少。

是创新还是发明

当我死了下地狱的时候，魔鬼一定会任命我为一家可乐公司的市场总监。我要负责的是兜售没人需要、与竞争产品雷同、本身价值无法成为卖点的产品。我只能直面这场可乐战争，在价格、分销、广告和促销上进行竞争。对我而言，这是一个名副其实的地狱。请记住，我是那个玩不来竞争游戏的孩子。我宁愿设计和销售出色且独特到没有竞争对手的产品。

成功的发明需要投入大量的精力、时间和金钱。伟大的发明如此罕见，即便是最才华横溢的天才一生中也只能做出几个有销路的发明。一项发明的出现可能需要耗费30年光阴，但几年内或者几个月内就可能有上千项创新自那个原创的构思中孵化出来。创新要快得多，因为你在开始时就已经有了一个产品的构思或者设计。

一些公司是建立在专有设计和专利的基础上的，但更为成功的公司则是建立在创新的基础上。在时装行业尤其如此，人们根本没有时间来进行漫长的纯调研工作。巴塔哥尼亚并没有发明旗布抓绒，我是在看到道格·汤普金斯穿着一件拉绒的斐乐（Fila）羊毛套头衫时受到的启发。这样的衣服只能干洗，在户外穿着就显得很不实际，但它给我带来了灵感，这个灵感最后促成了聚酯旗布、Synchilla 和许多微绒面料的使用。

“Stand Up Shorts”的设计改良自一条臀部使用了双层面料的英国灯芯绒短裤，我们热卖的沙滩裤的灵感则是来自我在奥克斯纳德百货商店看到的一条尼龙短裤。经这些服装的启发，最终的巴塔哥尼亚版本要更具功能性、更耐穿，远远地超越了作为我们灵感来源的做工粗糙的原版，而这些优势在服装的目标用途，即户外活动中尤其明显。我们就仿佛是富有创造力的厨师，“原版”就像是激发灵感的菜谱，我们看过菜谱之后合上书开始自我发挥，最后产生的设计就好比厨艺最精湛的厨师的菜谱的结合物。

它是全球性的吗

在产品被全世界购买和使用前，你无从得知你生产的是不是世界上最好的产品，但这也为产品创造了挑战。

设想一下有两家公司：“我们是西红柿”（Tomatoes-R-Us）和“顶级西红柿”（Acme Tomatoes），他们都向全世界销售西红柿。“我们是西红柿”公司在加利福尼亚圣华金河谷（San Joaquin Valley）的大型综合农场种植西红柿，他们的产品很敦实，可以长途运输，可以在到达外国港口后被送往目的地前方便地使用乙烯气体催熟。因为使用了最先进的机器、转基因种子、化学品，雇用了成本会计师，再加上得到了很多公用水的补贴和出口津贴，他们的西红柿在全世界具有很大的价格优势。

相比之下，“顶级西红柿”公司在哪里销售就在哪里种植，他们对意大利面市场供应李子形西红柿，向挑剔的法国市场供应在藤蔓上自然成熟的汁水饱满的西红柿。

在我看来，“我们是西红柿”仅仅是一家做跨国生意的美国公司，而“顶级西红柿”恰恰相反，是一家跨国公司，因为它懂得为特定市场量体裁衣的重要性。

巴塔哥尼亚是一家加利福尼亚公司，我们的企业文化、生活方式和设计仍然是纯粹的加利福尼亚风格。这在某些方面助了我们一臂之力，因为加利福尼亚通行好几种语言，在种族和文化上非常多元。你还能在美国别的地方找到四川风味的玉米卷饼吗？然而，在我们能够突破现在的格局进行思考、设计和生产前，我暂时还不会将巴塔哥尼亚称为一家跨国公司。当我们成了一家跨国公司，而不仅仅是一家跨国运营的企业时，我们就会根据当地人的喜好、功能需求、身材和偏爱的颜色来修改我们的设计。我们会更多地在本地生产，较少地进行集中化生产。最重要的是，以更全球化的方式来思考和行动可以打开我们的思路，让我们源源不断地产生新想法，而其中一些想法经调整也可以为国内市场所用。

它容易保养吗

服装的生命周期包括面料生产、染色、缝纫、分销、消费者进行的保养和处置，我们在研究它们造成的环境影响时，惊讶地发现对环境危害最大的环节之一居然是清洁。我们发现服装产品的售后保养造成的环境危害是整个生产流程的 4 倍。

而且，对任何产品的维护都是一件琐事，单为这个原因，容易保养也理应是高品质的标准之一。在巴塔哥尼亚，没人喜欢熨衣服或是为干洗操心，我们认为顾客应该也不喜欢。这其中也有一些很实际的理由。在旅行中，你的衣服应该能在水槽或者水桶里清洗，能在小屋里晒干，然后当搭飞机回家时穿着，仍感觉十分体面。

但是，对环境的考虑胜过其他一切理由。熨烫的用电效率低，热水清洗会造成能源浪费，而干洗会使用有毒化学用品。

图61

图 61：丽兹·克拉克（Liz Clark）在塔希提岛洗衣服。 丽兹·克拉克 / 提供

机器烘干比实际的穿着磨损更能缩短衣服的使用寿命，看看烘干机的滤网吧！因为熨洗消耗能源，所以服装的碳足迹中大约有 25% 都是来自熨洗环节。[7]

作为一名消费者、一名好市民，最负责任的做法是购买二手衣物。除此之外，请避免购买需要干洗或熨烫的衣服。请使用冷水清洗，并尽量自然晾干。衣服穿过几天之后再进行清洗。作为旅行穿着，请考虑可以更快晾干的衣服而不是全棉制品。

它有增值服务吗

托马斯·鲍尔（Thomas M. Power）博士在蒙大拿大学进行的一项研究表明，美国人在物质和服务上的消费中只有 10% ~ 15% 是生存必需的。你不需要吃菲力牛排才能变得健康，你不需要住在 370 平方米的房子里才能得到庇护，你不需要一条价值 100 多美元的冲浪泳裤才能下水。人们将其余 85% ~ 90% 的钱都花在了品质的提升上。他们会因为一斤菲力牛排相较于一斤汉堡包的附加价值而支付额外的费用，即便任意一样都能满足他们的营养需求。

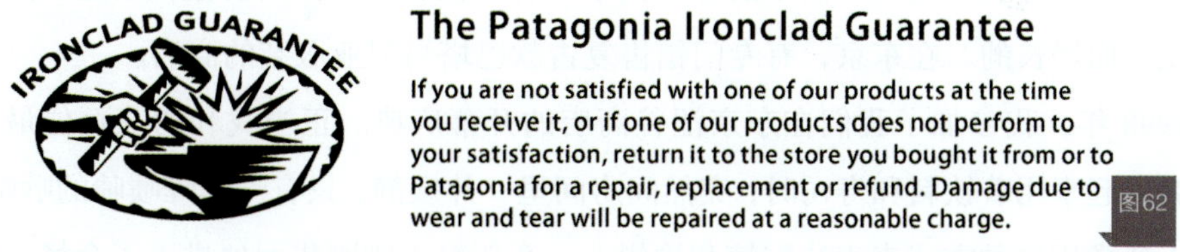

跟那些在可乐战争中大吹大擂的人不同，我们添加的是真正的价值。我们制作耐用、户外功能良好的高品质商品。我们将所有产品都设计成同类之中的佼佼者，任何不符合标准的产品都会回到绘图板上重新设计。此外，我们谨慎地定义了是什么让每件产品成为同类中的最佳，而不只是声称如此。这其中的因素包括耐用性和环保性，稍纵即逝的时尚感和不切实际的奢华感则榜上无名。

图 62：巴塔哥尼亚绝对质量保障
如果您对收到的任何产品感到不满意，或者产品的穿戴性能未能达到您的预期，请将其退回购买的店铺或巴塔哥尼亚，以便我们对其进行修补、更换或退款。对由于正常使用而造成的磨损的修补，我们将收取合理的费用。

我们也尊重顾客。在美国，客服电话的服务一般都很糟糕，造成这一切的原因有不合理的业务配额、故意延长等待时间、管理上的漠不关心等。这种情况让我们公司不需要大费周折，只凭没有将客服业务外包到印度德里（Delhi）的服务机构这一点，就能脱颖而出。但我们还是做了额外的事情。

我们提供绝对的质量保证，并且履行承诺，哪怕我们得竭尽全力。比如有一次，一位顾客拿来了一条穿了很久的旧裤子，希望我们可以补好这条裤子。但裤子已经旧得不能修补了，于是我们就误把它扔了。顾客不太高兴，她想拿回自己最喜欢的裤子，不管它成了什么样子。我们给了她一条新裤子（款式更好更新），没有收取费用，但她想要跟她送来的那条裤子同样的款式、同样的颜色。那也行吧。我们查看了档案文件，找到了样品，然后又找到了一匹相同的面料，颜色也是相同的。不久之后，这位顾客拿回了她的旧款裤子，不过当然是全新的了。

不是每一笔客服业务都需要费那么多功夫和代价，但我们的确明白，我们额外做出的那些努力都是值得的。一季接着一季，顾客对我们商品目录的再次预定率远远超出邮购行业的一般水准。实际上，我们不断创造着历史新高。

就像客户坚决不淘汰旧裤子的那个例子，有时候我们产品的价值似乎是在随着时间的流逝而增长的。在东京，有专门销售复古款巴塔哥尼亚服装的商店。

1998 年，我参加了我们在东京涩谷商店的开幕庆典。正当我和两三百位最忠实的顾客一起享用着饮料和寿司时，突然间房间里一片寂静，只有一阵阵啧啧的咂嘴声，日本人通常用这种方式来表达震惊和愉悦。一个年轻人刚刚华丽地进入了会场，他身穿一件旧款的巴塔哥尼亚夹克。房间里的所有人都知道那件夹克是 1979 年的 Borglite 抓绒，他一定为此所费不赀。

巴塔哥尼亚的标签很有号召力，市场价值很高，但我们并不用这种声誉扶持平庸的设计。独立于标签的产品应该依靠自己的优点赢得市场，而不是靠标签来显示其价值。产品必须在本质上具有独立的价值。人们应该能够从产品高品质的做工和细节，远远地就把巴塔哥尼亚的产品辨认出来。禅宗大师会说，真正的巴塔哥尼亚产品不需要任何标签。

它值得信赖吗

有一回我看到有人穿了一件汗衫，胸前只写着“纯正”（authentic）二字。时装行业深深执迷于纯正这个概念，已经把这个词变成了又一个毫无意义的词汇。然而，我们的顾客期望我们生产名副其实的产品。就像野战大衣背部必须有用来装猎物的防血、加内衬的大口袋；工装裤是用来给真正的木匠、屋顶工和泥瓦匠穿的；攀岩裤必须能很好地绑缚安全带，面料必须够结实，要能够顶得住会让人体无完肤的大裂隙对面料的磨损。如果我们生产橄榄球服，那它就必须是能够用来打橄榄球的。

1975 年，我们犯了一个错误，将橄榄球服的制作外包给了香港的一家流行服饰制造商。2002 年，我们又犯了一个跟橄榄球服有关的错误。这一次我们自己制作橄榄球服，每一方面都可谓追求纯正——橡胶纽扣、厚实的针织面料，每一处都进行了重复缝线的针脚；与传统做法不同的是，我们采用了时尚的彩色条纹。最后，衣服完全卖不动。它们使用的不是真正的橄榄球色。2005 年，我们终于将问题纠正了过来。

图63

图 63：爬完德纳里峰（Denali）后，我和瑞克·里奇韦去了阿拉斯加的荷马（Homer），这是“一个古怪的嗜酒村庄，其捕鱼业正陷入困境”，我们在那儿挖蛏子作为庆祝。这张照片出现在我们的商品目录上后，我们收到一封来自罗伯特·蒙达维（Robert Mondavi）的信，他认出了照片上的我们喝的是他的酒。但他没有寄给我们警告信，反而感谢了我们，并邀请我们去参加他酿酒厂的VIP 游览。 皮特·哈克特（Peter Hackett）/摄

它有美感吗

> 我在尝试解决问题时，从不考虑美的问题，
> 我只思考如何解决问题。但当找到了解决方法，
> 如果它不够美，那我就知道这个方法不对。
>
> ——
>
> 理查德·巴克敏斯特·富勒（Richard Buckminster Fuller）

巴塔哥尼亚的衣服应该要美，能够成为艺术。时尚只属于此刻，而艺术是永恒的。实际上，时尚始终是过时的，因为它是对过去某个事件的回应。或许某一天，某种时尚会再度流行，但未来它必定会逐渐消逝。

将服装视为艺术的时候，我会想象着一位 80 岁的老妇人穿着纳瓦霍印第安人（Navajo Indian）的毛毯大衣的情景。她银色的长发向后挽成发髻；她可能富有，也可能贫穷；她可能是在 1950 年买了这件衣服，或者衣服可能曾经属于她的母亲。这件衣服既纯正，又堪称经典，并不是传统毛毯大衣的现代改良版。这是一件艺术品。她可能会将这件衣服留给她的外孙女，外孙女可能会再穿 50 年，而衣服依然不显过时。这是一件无价之宝。

一件在旧货商店用一美元就能买到的 20 世纪 50 年代的夏威夷衬衫，一件得花 3 000 美元才能在复古夏威夷衬衫店中买到的衬衫，这两者之间的差别就是时尚和艺术的差别。前者颜色鲜艳，有着夏威夷风格的设计，而后者相互呼应的口袋和衣领形成了一种美学上的质感，它的印花也有一种艺术感，上好的面料有着让人舒服的垂坠感和触感。一件是旧货，一件是艺术。这也像绘画领域中插图和艺术的区别。当一位插画师用更少的笔触就能传达出相似的情绪，他就成了一名艺术家。

我们只是在跟风吗

因为对品质的投入，我们的产品制造非常缓慢，以至于在时尚这场赛跑中慢如蜗牛。我们的设计和产品开发流程通常长达18个月，于是无法在任何新潮流中分一杯羹。我们很少购买现成的面料或现有的印花布，所以我们必须同艺术家和设计工作室合作，进行原创性艺术创作。

刚开始生产有机棉产品时，我们不得不对着一捆捆没加工过的棉花从零开始设计和制造流程。然后，我们得在整个流程中进行各种测试，从面料实验室的测试到实地测试。我们需要时间来做“功课”，向核心顾客、购买者和零售店员工展示潜在的产品，看看是否能卖得出去，或者是否应该将之投入生产。每当我们企图追逐潮流，最后却总是会落后潮流一年半载，这显得很愚蠢。

购买旧衣服、尽可能长久地穿着你的衣服，这是你能做的最负责任的事了。而当你臣服于时尚潮流，就等于要淘汰旧衣服，并把它们扔到垃圾堆。

我们在为核心顾客设计吗

我们并不对所有顾客一视同仁，确实有一些顾客更被我们钟爱。这些是我们的核心顾客，我们正是在为他们设计我们的服装。为了看得更清楚些，我们可以将顾客看作他们都存在于一系列同心圆中，在中心或者说核心圆中的就是我们的目标顾客。这些人不修边幅，大部分情况下甚至买不起我们的衣服。以下几个具体的例子会有助于你对此的理解。

奥德丽·萨瑟兰（Audrey Sutherland）是一位了不起的夏威夷奶奶，她生活的重心是用充气皮划艇进行孤身长途旅行。她已经沿着阿拉斯加和加拿大的不列颠哥伦比亚的海岸线航行了12 800多公里，其中约有12 400公里是独自完成的。她还在希腊群岛、苏格兰和夏威夷航行了好几千公里。对于独自进行这些航行，她说道：“你是如此融于周遭的自然世界，像一块岩石、一丛灌木或者一条鱼一样，与自然进行着沟通，你俨然成为自然环境的一部分。”她还建议：“不要花钱买装备，把钱用来买机票吧。”甚至在八十几岁的时候，她仍在北太平洋继续着严肃的旅行。奥德丽逝世于 2015 年。

史蒂夫·豪斯（Steve House）是一位享有国际声誉的登山家，他的成就之一是与文思·安德森（Vince Anderson）一起完成了克什米尔地区的南迦峰（Nanga Parbat）上的鲁泊尔岩壁（Rupal Face）的首攀。他写过好几本书，在最近的一本书中，他阐述了要达到他追求的登山技术水平所需要进行的训练。

我们的攀登、冲浪、钓鱼和越野跑大使们，以及上百位参与我们的“专业人士购买计划”[①]的职业选手，在他们的领域中都是世界一流的。他们是创新者，他们的行动阐释了他们各自领域的一流技艺。

它会造成不必要的伤害吗

要在制作服装的过程中尽可能地减少环境危害，就得清楚从农田、工厂到产品最终到达顾客手中，每一步你都在干些什么。

1988 年，我们在波士顿修复了一幢旧楼，并在那里开设了巴塔哥尼亚专卖店。那时正值春天，我们为这家专卖店进了很多棉质的运动衣。专卖店才开了几天，我们的员工就都在抱怨头疼。我们关了店，请来一位化学工程师，他发现我们新装的空气循环系统一直在重复循环同一团空气，员工们一直在吸入甲醛气体。一位典型的商人很可能会这样回应：“我说，别跟我提什么甲醛，把设备修好就行了。”但我们开始提出质疑，并且发现大部分 100% 纯棉的服装平均只有 73% 的含棉量，其余的成分则都是像甲醛这样的化学品，使用这些化学品是为了避免衣服起皱和缩水。你在生物课上用来保存青蛙等标本的化学品就是甲醛。甲醛有毒，但一直没受到美国食品药品监督管理局（FDA）的监管，发廊其实还会使用甲醛让头发顺直。

① 专业人士购买计划（Pro Purchase Program）是我们为杰出的运动员和户外专业人士提供优惠购买价格的项目。

图 64：新鲜至极。奥德丽·萨瑟兰在阿拉斯加。 1995 年左右，奥德丽·萨瑟兰 / 收藏

图65

图 65：史蒂夫·豪斯带领大家首次在冬季攀登加拿大落基山脉双子座北峰（North Twin）的北面。
马尔科·普莱泽利（Marko Prezelj）/ 摄

这让我们非常震惊，我们意识到我们做生意的方式跟其他人没什么区别——只是订购面料成品，而不质疑这些面料是如何制作的。这让我们开始质问自己，我们还犯下了哪些恶行。

它是有机棉吗

在 1991 年裁员之后，我们首先采取的行动之一就是，委托其他机构独立评估服装中最常用面料的环境影响，这些面料包括大麻、亚麻、人造丝、棉、聚酯纤维、尼龙和羊毛。这也是我们东山再起计划的一部分，即依靠做正确的事来重建公司。

为了准备种植棉花的土壤，工人们会喷洒有机磷农药来除掉所有其他有机体，这种杀虫剂可能会损伤人类的中枢神经系统。土壤一旦被喷洒过这种杀虫剂就必死无疑，要 5 年之内不喷洒任何农药才有可能让蚯蚓再度回归，而是否有蚯蚓正是土壤是否健康的标志。在这样的土壤中种植作物需要高强度地使用人造肥料。从棉花地里流出的雨水径流是海洋死区扩大的一大成因。棉花地仅占耕地的 2.5%，使用的杀虫剂却是农业化学杀虫剂总使用量的 22.5% 和杀虫剂总使用量的 10%。这些化学品中仅有约千分之一杀到了目标害虫。[8] 棉花籽和棉籽油被用于人类的食品和家畜的饲料，而且没有受到美国食品药品监督管理局的监管。[9]

大约 20 年前开始推广的转基因 Bt 棉 ① 最初的确减少了杀虫剂的使用，因为苏云金芽孢杆菌能更有针对性地除灭食叶的棉铃虫。中国在 21 世纪初大规模种植了 Bt 棉，但他们在种植了几季之后发现，对苏云金芽孢杆菌免疫的草地缘蝽和一些别的害虫钻进了棉铃虫留下的孔洞，他们不得不再度恢复大规模的农药喷洒。值得注意的是，转基因棉花占了全世界工业用棉花的 70%。[10]

① Bt 全称为 Bacillus thuringiensis，意为“苏云金芽孢杆菌”，这种菌能产生毒素使害虫停止取食。——编者注

表 2-1　　美国应用在棉花上的主要农药

杀虫剂的中文通用名（英文通用名）	在农业上的使用	急性毒性	长期毒性	对环境的毒害
涕灭威（Aldicarb）	昆虫和线虫	高	癌症，怀疑有造成突变的可能性	鱼类
毒死蜱（Chlorpyrifos）	昆虫	中到高	脑损伤、胚胎损伤、阳痿、不育	两栖动物、水生昆虫、蜜蜂、鸟类、甲壳类
氰草津（Cyanazine）	野草	中到高	先天性缺陷、癌症	蜜蜂、鸟类、甲壳类、鱼类
三氯杀螨醇（Dicofol）	螨虫，具有杀昆虫剂特性	中到高	癌症、生殖损害、肿瘤	水生昆虫、鸟类、鱼类
乙烯利（Ethephon）	植物生长、调节剂	高	突变	鸟类、蜜蜂、甲壳类、鱼类
氟草隆（Fluometuron）	除草剂	未知	血液、脾脏	蜜蜂、鱼类
威百亩（Metam sodium）	昆虫，线虫，真菌，野草	中到高	先天性缺陷、胚胎损伤、突变	鸟类、鱼类
甲基对硫磷（Methyl Parathion）	昆虫	很高	先天性缺陷、胚胎损伤、免疫系统损伤、生殖损害、突变	鸟类、蜜蜂、甲壳类、鱼类
甲基砷酸钠（MSMA）	除草剂	中到高	肿瘤	蜜蜂、鱼类
二溴磷（Naled）	昆虫，具有除螨剂特性	很高	癌症、生殖损害，怀疑有造成突变和肿瘤的可能性	两栖动物、水生昆虫、鸟类、蜜蜂、甲壳类、鱼类
丙溴磷（Profenofos）	昆虫和螨虫	高	眼部损伤，对皮肤有刺激性	鸟类、蜜蜂、鱼类
扑草净（Prometryn）	除草剂	中到高	骨髓、肾脏、肝脏和睾丸损伤	鸟类、蜜蜂、甲壳类、鱼类、软体动物
炔螨特（Propargite）	除螨剂	中到高	癌症、胚胎和眼部损伤、突变和肿瘤	鸟类、蜜蜂、甲壳类、鱼类
氯酸钠（Sodiumchlorate）	落叶，野草	低	肾脏损伤、高铁血红蛋白症	鸟类、鱼类
脱叶磷（Tribufos）	落叶	中到高	癌症、肿瘤	鸟类、鱼类
氟乐灵（Trifluralin）	除草剂	中到低	癌症、胚胎损伤，怀疑有致突变和致畸胎的可能性	两栖动物、水生昆虫、鸟类、蜜蜂、甲壳类、鱼类

图 66：一位典型的工业化农田里的工作者。 迈克尔·埃博曼（Michael Ableman）/ 摄

图67

图68

图 67：棉花的传统种植方法对土地伤害很大。 迈克尔·埃博曼 / 摄
图 68：有机棉。 马特·勒斯克（Matt Lusk）/ 摄

2015 年，我们同“班杰瑞冰激凌”（Ben & Jerry’s Ice Cream）以及石原农场（Stonyfield Farms，一家大型有机酸奶制造企业）一道，试图吸引一些大公司跟我们一起，联合向总统签名请愿，要求标注转基因产品。食品公司和服装公司都不愿意签名，因为他们都在使用转基因产品。服装公司一直在购买用转基因种子种植的工业棉花。

棉花地每年的温室气体排放量达到了数百万公吨。传统的棉花地臭不可闻，地里喷洒的化学品会刺痛眼睛，让人直犯恶心。在诸如加利福尼亚这样的无霜地区，收获棉花前，人们必须用作物喷粉机对棉花喷洒落叶剂百草枯（Paraquat），这些杀虫剂大约有一半会命中目标。其余的都落到了临近的田地和我们的溪流里。

然而，这些都是不必要的做法。第二次世界大战前没有哪种棉花是这样种植的，现在在农业上使用的许多化学品都是在第二次世界大战中被首度开发出来的，是被用作为战争服务的神经毒气。

我们最初开始寻找替代物的时候，发现加利福尼亚和得克萨斯有一些家庭农场供应有机棉。于是，我们对之进行了试验。起初，我们只用有机棉制作 T 恤。后来，我们去了几趟圣华金河谷，在那儿闻到了硒池的味道，见到了月球地貌般的棉花地，于是我们问了一个至关重要的问题：我们怎么还能继续生产对地球造成了这般破坏的产品？ 1994 年秋天，我们决定到 1996 年时，要让我们的棉质运动衣 100% 采用有机棉。

我们有 18 个月的时间对 66 种产品进行调整，有不到一年的时间准备面料。我们没法从代理商那里买到足够的有机棉，于是不得不直接联系为数不多的恢复有机种植的农夫。我们也联系了认证机构，以保证所有的纤维都能追溯到源头。然后我们得去找轧棉工人和纺纱工人，说服他们在处理棉花前后，无论棉花量是多少，都要清理他们的设备。纺纱工人尤其反感有机棉花，因为有机棉花带着很多茎叶，还因为蚜虫的关系黏糊糊的。我们最有创造力的泰国合作伙伴在纺纱前将棉花冰冻了起来，以此解决了上述问题。

我们的新合作伙伴足智多谋、思路开放，于是我们成功了。1996 年生产的所有棉质巴塔哥尼亚服装采用的都是有机棉，此后也一直如此。

有两个决定帮助我们完成了向有机产品的转换。首先，我们决定暂时在使用经认证的有机棉的同时使用“过渡期”棉花。过渡期棉花的种植采用的也全是有机流程，但其实践时间还不够长，所以还没有获得官方认证。其次，我们决定销售“用有机棉花制作的服装”，而不是“有机服装”。两者似乎相差不大，但我们不想误导购买者，因为我们仍将在生产中使用合成染料和传统棉线。当时我们发现，天然染料不仅无法达到我们的品质标准，而且其本身也有严重的环境问题。所幸的是，技术进步了，我们正在与合作伙伴一道大规模展开天然染料的使用。棉线是大规模生产的产品，订购量即便是最低数量，量也依然很大，且品质未知。而且，尽管我们了解并尝试了新材料，在 1996 年的两款产品中，我们仍使用了一种甲醛含量很低的树脂来减少褶皱和缩水。

在我们的环境标准和品质标准相冲突的时候，我们再度挣扎了一番。摆在我们面前的事实是,虽然多年来所有化学品被应用到材料中就是为了合理地减少褶皱和缩水，但改变策略、再将所有的有毒化学品加回到已经完成的面料中，以保持面料的平整和不缩水，这毫无意义。

最后我们还是没有添加合成物质，而是将品质要求回归到了产品的构造中，化学品的问题就这样解决了。在某些情况下，我们不得不使用一种品质更好、纤维更长的棉花，并对纱线和面料进行预缩处理。

与此同时，市场和销售团队为 1996 年春天的有机棉产品线定下了三个目标：成功地销售该产品线；影响其他服装企业，让他们也开始使用有机棉；以及推广有机棉花的种植。后两个目标显然受到销售产品这个首要目标的掣肘。我们打破常规，外聘了一位顾问。他向我们证实了我们的想法，即**消费者选择购买我们产品的首要原因就是品质，品牌和价格则排在第二位，对购买者来说环境问题是最不重要的因素**。这位顾问还发现，零售价格的小幅上涨对消费者来说是可以接受的，于是我们减少了大部分产品的利润，好让零售价格只比传统棉织品高出 2 ~ 10 美元。不能达到这个目标的产品就只在我们自己的零售和邮购渠道内销售，以控制价格的上涨。

我们的有机棉花项目获得了成功，但并不是因为我们的顾客正好和我们做出了同样的选择，即他们选择我们的产品并不是因为选择花更多钱购买有机产品，以避免在未来某一天为潜在的环境问题买单，而是因为我们的设计师和生产人员现在不得不从一捆原棉开始工作，亲身经历从原棉到成衣的生产全过程。他们必须学习如何做衣服。这些额外的努力转化成了精心设计的产品，这些产品因此获得了畅销。所以，**产品的天然性并不是人们购买的理由，这只是一项重要的“附加价值”。**

每个方面都考虑到了吗

天然面料中，大麻和亚麻大概是最无害的。棉花即便在生长过程中没有使用有毒化学品，却依然要使用大量的水。如果年年种植棉花，又会让土壤贫化。在合成材料中，人造纤维是用木浆制成的，但在制作过程中却使用了毒性很强的化学品。竹纤维只是人造纤维的一种而已。聚酯和尼龙中有石油成分，但具有可再生的优势。比起原生聚酯，再生聚酯的生产过程节约了多达 53% 的能源。[11]

就拿羊毛举例。羊毛可能会对环境造成很多危害，也可能会对环境很友好，这取决于在哪里放羊：是在不堪一击的沙漠化环境，还是在高山草甸，或是在降水丰富、天然草量充足、没有掠食性动物的地区。通常，处理羊毛的每个环节也都需要依靠化学品。人们把羊皮浸泡在杀虫剂里去除寄生虫，用以石油为原料的清洁剂清洗羊毛。处理羊毛纱线则是先用氯漂白，然后再用以重金属为原料的染料 染色。工人们暴露于浸羊皮的试剂下，可能会遭受神经系统的损伤。腈纶是一种替代羊毛的合成材料，它的原料是石油，因此是不可持续的，所以似乎使用任何种类的羊毛都比使用人造替代品更自然、更可持续。然而，如果你想用羊毛来替代一家腈纶工厂的全部产量，就得将从缅因州到密西西比河的每一寸土地都用来专门养育绵羊。实际上，以我们目前的消耗量，天然纤维已经不足以满足整个世界的服装需求了。要在这个有着 70 多亿人口的星球上做到可持续发展，任何尝试都注定以失败告终。但与其关门砸车、退隐江湖，不如向着可持续发展的方向努力，同时认识到我们正在不断接近这样一个目标。

我们与美国大自然保护协会（Nature Conservancy）以及“绵羊 21”（Ovis 21）合作了很多年。后者是一家阿根廷公司，他们管理并发展着一个羊毛生产商网络，旨在扭转 100 多年来占地 60 000 多平方公里的巴塔哥尼亚草原一直遭受过度放牧伤害的局面。我们一起开发出了一份可持续性更强的放牧协议，其中包括控制畜群迁移以帮助构建土壤、运送种子和加深植物根系，从而扭转草原的沙漠化趋势。我们改进了羊毛的处理过程，不再使用氯、二噁英和其他刺激性化学品。

我们也在努力规避会伤害动物的动物福利实践，确保动物们没有被喂食抗生素，也没有为了防止蝇蛆叮扰而被施以割皮防蝇法（这在巴塔哥尼亚并不必要，因为那里没有绿头苍蝇）。但我们对动物福利调查得不够深入，于是一些牧场主的做法招来了一些合理的批评（也有不合理的）。由于没法保证这些做法会有所改变，我们便退出了项目，并由此学到了重要的一课，即**要更全面地做功课，要事先把问题的每个方面都考虑到，而不是只考虑公众关注的那些问题**。在我们参与期间，我们和“绵羊 21”的合作是世界上最有环境影响力的牧羊项目。在我们着手重组期间，这个项目被终止了，这是环境事业的一次挫败。

图69

图 69：巴塔哥尼亚地区养育的绵羊。 蒂姆·戴维斯 / 摄

如何孵化一件衣服

我们已经在蜿蜒的公路上行驶了好几个小时，向着中国陕西省的大山深处前进。我来这儿是为了参观农田，我们用的大麻就是在那儿种植的。如果不亲眼看一下，要理解种植大麻是怎么回事儿既复杂又困难。

在这条与世隔绝的长路尽头，我本不指望能见到一块以上的农田、一个以上的农夫。然而让我惊讶的是，我居然见到了一整个忙忙碌碌的村庄。大部分地三周前就收割过了，但为了迎接我的来访，还有一小块地被留着没收割。这片中国的偏远地区正在经历干旱，今年的庄稼长得很矮。这里种植的大麻是靠雨水来浇灌的，既不使用人工灌溉，也不使用化学品，这是这里一贯使用的方法。肥料则来源于在田地里自由自在漫步的鸡和牛的馈赠。这些种大麻的农夫既不需要除草剂，也不需要杀虫剂。

大部分村民都在忙着准备大麻，好把它们送到为我们纺织面料的工厂里去。一捆捆的大麻立在田里，慢慢晒干。种子从麻茎里被分离出来，接着麻茎被送到河边，浸在水里沤麻，沤麻就是将纤维与木质分离的过程。我看着一位老人工作，他显然已经浸过很多季麻茎了。他小心翼翼地寻找着合适的地方，那儿的水很容易就能没过麻茎，但又不至于太深，以防止到时候没法把麻茎取出来。今年河水的水位有点低，所以他花了很久才找到一个合适的地方。季末时，当沤麻完成，将短纤维与麻茎分离开来后，就可以把它们送去工厂了。

亲眼见到一整个村庄从一颗种子开始，都在为我身上穿的衣服而工作，这让我感到很不可思议。

——吉尔·杜梅恩（Jill Dumain）

图 70：这里没有转基因种子和专利种子，敲打麻茎就能敲出用于下一季种植的种子。 中国陕西省，吉尔·杜梅恩 / 摄

染料有毒吗

竭力使用有机方法种植棉花，充满责任感地经营农场、处理羊毛，然后却用有毒染料为面料染色，这种做法有点荒谬。每种面料使用的都是不同的化学染料，有些有毒，有些没毒。除非被逼无奈，否则没有染料制造商会告诉你他的染料有毒。我们不得不进行很深入的调查，才得以确保我们没有使用有毒染料，我们合作的染厂也没有污染当地的水路。

在巴塔哥尼亚公司，我们会问更多问题，比如用来为我们的尼龙染色的各色染料有毒吗？发现它们有毒后，我们便更换了德国制造的染料，除了橙色，每种颜色的德国染料毒性都更少，于是我们便再也没有使用橙色。由于我们之前习惯了从产品销售目录上直接订购染好色的布料，染料毒性的问题为我们增加了一层操作复杂度，这改变了我们的思维方式。大部分企业不会想创造“不必要”的问题。

聚氯乙烯 (PVC) 在我们的社会中得到了广泛的使用，它是一种致癌的有毒塑料。结实的乙烯基塑料制作的行李箱就是用 PVC 来涂层的，PVC 还会被用作 T 恤印花的塑化剂。为了在公司内彻底弃用 PVC，我们已经努力多年，并且仍在积极地向着这个目标努力。

就其本质而言，氯丁橡胶的生产是潜水服制作过程中对环境最有害的一个环节。我们与尤莱克斯公司（Yulex）合作，开发了一种生物可降解的潜水服材料。银胶菊是一种原产自美国西南部的荒漠灌木，我们和尤莱克斯合作开发出了基于植物的以银胶菊为原料的生物橡胶，这种橡胶可以在不损失保暖性能、弹力和耐用性的前提下减少我们潜水服的环境足迹。

图71

图72

图 71：割胶是需要技巧的工作，它要求工人拥有一双训练有素的手。割胶时的切口需要适宜的角度和深度；如果过深，就会损坏树木而导致其更易腐烂。 蒂姆·戴维斯 / 摄

图 72：种植园是我们全新天然胶潜水服的原料产地。 蒂姆·戴维斯 / 摄

图73

图74

图73：拉蒙·纳瓦罗（Ramón Navarro）在蓬德罗伯斯（Punta Lobos）享受美好的一天。罗德里戈·法里亚斯·莫雷诺（Rodrigo Farias Moreno）/摄

图74：巴塔哥尼亚的测试总监沃克·弗格森（Walker Ferguson）正在帮拉蒙·纳瓦罗穿浮力背心。塞巴斯蒂安·缪勒（Sebastian Müller）/摄

几个世纪以来，爱尔兰的女人们都是亲手为出海的丈夫编织毛衣的。
这种扭绳花纹的粗毛线衫可以适应严酷的环境。
女人们各自使用着一眼就能辨识出来的家族图案，既表达着爱与骄傲，
同时如果有一天，她们的丈夫在海上迷失而尸体被冲回了海岸，
也可以作为一种识别手段。

——

佚名

比起在断崖上面朝大海的小木屋里就着灯光独自工作的个体编织者，巴塔哥尼亚能生产的毛衣当然要多得多。但比起我们，她们又拥有一个巨大的优势，就是她们每人都只用一双眼睛和一双手来为毛衣质量把关。巴塔哥尼亚以及任何想生产同类最佳产品的公司所面临的挑战是，在品质上达到手工编织者对产品的关注度，并在工业规模上做到像她们那样，将最终产品的所有质量标准谨记在心。现在，这已经成为一项横跨多家公司和多个大洲的任务。

如果你决定让每一件产品都成为同类最佳，你就不能把你的图案、设计图或样式交给出价最低的承包商，同时又期望能得到和你的目标接近的成果。当一件产品上印上了你的商标名——你的“一眼就能辨识出来的家族图案”，你就必须同供应商和承包商紧密、有效地合作，将那个图案完美地复制出来。

在忠实地贯彻公司设计的过程中，我发现有几条生产原则起着至关重要的作用。

立即向前迈一步

如果你等着顾客告诉你要干些什么，那就太晚了。
我的顾客不想要过时的东西，他们想要领先的产品。

——

亨利·福特（Henry Ford）

商业是一场比赛，比试的是谁能第一个将产品带给顾客，发明和创意常常会在世界各地同时迸发自许多毫无关系的个体。似乎每个创意都有它的保质期。

1971 年，乔伊纳德设备公司推出了六角塞款式的岩塞。这对我们来说意味着对冲模和工具的一项大投资，因为我们共生产了 10 个尺寸的岩塞。岩塞在市场上推出了几个月后，我们的一个朋友麦克·谢里克（Mike Sherrick）为我们的设计提出了一个建议，新设计可以让岩塞更加多功能性。两周后一位挪威的攀登者写信给我们，提出了同样的建议。我们立刻废弃了所有的模具，花钱买了新冲模，并在 1972 年推出了新款的“多中心”六角塞。有趣的是，在同一个月里，一家竞争对手公司推出了我们旧款的复制品，即已经过时的六角塞款式的岩塞。

如今，你不必花时间制作硬模了，因为可以从 3D 打印样本开始，先制作一块芯片，把芯片安装到电脑辅助的铣床或车床上，用不了几个月或者几年，几个小时内你就能生产出你的零件。成为第一个吃螃蟹的人会拥有巨大的市场优势，而其中很重要的一点是你没有任何竞争对手。成为第二个，即便产品更好、价格更优，也完全无法抵消首开先河的优势。这并不是说我们应该“追求”潮流或赶制产品，这更适用于“发现”新面料或新流程。需要强调的是，关键词是“发现”而不是“发明”。因为根本没有时间去发明。

在公司上下维持住一种紧迫感是企业中最艰巨的挑战之一。由于要依赖公司外部的供应商，问题就被进一步复杂化了，因为那些供应商可能并没有相同的利害意识。我不断听到人们用蹩脚的理由解释为什么某件事不可能做到，或者为什么无法按时完成工作。以下是其中几个例子：

“但愿我能帮您，但是……”有多少次你听到服务人员说出这样的话？你知道他们并不是真的无能为力，只不过是因为懒惰。“但愿我可以给你烤土豆而不是米饭，但我们有不能更换的规定。”或者：“但愿我们可以这么做，但我们的保险单不允许这么做。”为什么不直接做呢？或者换个保险单，或者干脆不要保险？如果你胜任不了这个职位，就别干。

“我们没有更多的布料了（或是铝或别的什么）。”换成另一种材料，尝试一下另一家或者另 50 家或者另 100 家工厂。试试别的国家的工厂，打电话给竞争对手，看看他们是从哪儿搞到面料的。

“我打了又打，但是都接不通。”你实际打了几次电话？是3次还是4次？打20次，或者试着发邮件，或者寄挂号信，或者早上5点往他家打“叫醒电话”，把他逮个正着。

“电脑坏了。”至少50年前，人们还没有这个借口！电脑没有坏，是人坏了。输出质量决定于输入质量。“所有的电脑终端都是紧密相连的。”这或许没错，但你或许可以用打字机或者黄色的埃伯哈德·法贝尔（Eberhard Faber）二号铅笔来完成工作。

“我没有时间”或者“我太忙了”，所以没时间来回你的信、回你的电话、写周报、清理书桌或者做别的什么。这些是虚伪的借口。这个人真正的意思是，工作没有完成是因为它的优先级比较低，其实他可能永远不会回你电话，因为他根本不想回。人们会做他们想做的事情。

最后一个例子——“不可能”。拙劣之最！任务或许很难，或者不实际，或者成本太高，但很少有什么事是不可能做到的。

为了在竞争中拔得头筹，我们的创意必须尽量靠近源头。对于技术产品，我们的“源头”是不修边幅的核心顾客。他们是使用产品并发现什么管用、什么不管用以及需要什么的人。

相反，销售代表、店主、销售人员以及焦点小组成员通常都没什么远见。他们只能告诉你此刻在发生着什么：正在流行什么，竞争情况如何，什么畅销。如果你想要参与“可乐战争”，那么他们是很好的信息来源，但如果你想要生产前沿产品，这些信息就太过时了。

提出新创意或者新项目的方法很多。如果你走的是保守的科学路线，你会在头脑中或纸上研究问题，直到你确信会万无一失。然而，你花了太多时间，竞争对手已经抢占了市场。**企业家的做法是立即向前迈一步，如果感觉好，就再迈一步，如果感觉不好就退回来。边做边学，这样会更快。**

让设计师与生产者合作

我在开铁匠铺的时候，将我们的攀登工具的模具和一些产品的生产承包给了哈罗德·莱弗勒（Harold Leffler）的机械工厂，工厂就在伯班克。莱弗勒是个绘图员，也制作工具和模具，有着50年手工制作的经验。我们叫他“天才”就跟叫他哈罗德一样频繁。他的手艺实在是太精湛了，以至于全国各地都有飞机制造公司请他承包他们的项目，虽然他运营的只是一家小铺子。

哈罗德常常笑话他收到的工程师送来的设计图，他们的设计过于烦琐，生产成本要高出必要成本的10～20倍，而且在很多情况下，这些设计根本就不可能实现。我没有接受过工程方面的培训，但我很清楚我想要的快挂和螺旋冰锥有什么功能，我会带着简单的草图或刻好的木质模型或者只是一个头脑里的想法去找哈罗德，我们会一起工作，一起研究出一个可行的设计。即便是在汤姆·弗罗斯特这位才华横溢的工程师和绘图员成为我的合作伙伴后，我们还是会在设计流程的各个环节咨询哈罗德·莱弗勒的意见。

我同莱弗勒的关系让我认识到，设计师从一开始就和生产者合作有多么重要，这适用于所有的产品。如果在水泥车开始打地基前，建筑师和建筑承包商能一起解决好设计图中的现实问题，房屋的建造就能进行得更顺畅，成本也更低。同样的，如果生产者从一开始就能理解产品需要实现什么功能；设计师能相应地理解产品的制作需要经历哪些流程；最终大家又都能各司其职，像一个团队一样工作，直到产品最终被生产出来，我们就可以生产出更好的防水外套。

图80

图80：天才哈罗德·莱弗勒。1970年左右，汤姆·弗罗斯特/摄

迈克尔·卡米将这种团队运作方式称为并行运作，它与流水线生产截然不同，在流水线生产中，生产责任会分阶段地被移交给下一个环节。并行运作的方式则在设计的最初阶段就将生产活动的所有参与者聚集在一起。正如卡米博士指出的，产品成本中仅有约 10% 发生在设计阶段，但 90% 的成本在设计阶段就已经不可逆转地被决定了。在设计阶段之外不断进行的所有生产参与者之间的沟通也很重要。我们已经知道，建筑工人会在不了解建筑师意图的情况下，在施工现场做改动；车衣工则可能会根据自己的习惯随意地变动衣服上的接缝，从而影响到防水外套的性能。

与供应商和承包商建立长期关系

巴塔哥尼亚从未拥有过面料工厂和缝纫车间。比如说，如果要制作滑雪服的话，我们就从工厂购买面料，从其他供应商那里购买拉链、贴边之类的镶边，然后再把缝纫工作承包出去。要在保证产品质量的前提下跟这么多公司一起有效地合作，就需要双方付出较传统生意伙伴关系更多的努力。相互承诺和付出的关系是需要培养信任的，而这些又需要投入个人的时间和精力。

因此，我们尽可能跟有限的供应商和承包商进行合作。这样做的劣势是存在高度依赖其他公司业绩的风险。但那也正是我们想置身其中的处境，因为那些公司也会对我们形成依赖，我们未来的成功是彼此关联的。我们成为朋友、家人、互利的生意伙伴，对他们有利的东西对我们也会有利。

当然，你得谨慎选择这样的伙伴关系。我们寻找供应商和承包商时，参考的第一要素是他们的工作质量。如果他们的标准还不够高，那我们也不会自我欺骗说他们会为我们提高品质，无论其开出的价格多有吸引力。承包商能为沃尔玛缝制短裤，又能为巴塔哥尼亚缝制短裤，这在商业逻辑上说不通。以最低成本缝制衣物的承包商不会雇用满足我们技术要求的缝纫工，也不会欢迎我们监督他们的工作条件和环境标准。

另一方面，高品质的面料供应商和缝纫承包商往往会觉得我们是有吸引力的生意伙伴。他们知道我们认可高品质的工艺、技巧娴熟的雇员和优渥的工作条件，我们会给他们开出公道的价格。从我们享有的声誉，他们知道我们会尽最大努力建立长期的合作关系，会是购买面料的忠实客户，会让他们的缝纫车间平稳地运行下去。

当我们找到合适的供应商或承包商，同他们的关系必须如同公司内部部门一样紧密。我们的生产部门负责传达巴塔哥尼亚的原则方针和每件产品具体的设计目的，确保工厂能对这些了然于胸，并在每针每线的操作上都能严格奉行。我们的采购经理必须在各种意义上都能代表巴塔哥尼亚，将我们对产品品质的标准、对环境和社会的关切、我们的商业伦理，甚至我们作为一家户外公司的形象传达出去。

对我来说，巴塔哥尼亚好比是一个生态系统，它的供应商和顾客都是这个系统中的有机组成部分。系统中任何一处的问题最终都会影响到整体，这就让每个人都责无旁贷要对整个有机体的健康运行负起责任。这也意味着每个人，无论职位高低，无论处在公司内部还是公司外部，都能对公司的健康运转、对我们产品的完善和我们的产品价值做出巨大的贡献。

我们显然花费了很多精力去挑选劳资关系良好的工厂。我们会考察潜在的合作伙伴，观察他们如何管理员工；我们会对他们的员工进行访谈，以此获悉工人对工厂的看法；我们还让民间团体介入，来证实工厂有着良好的雇用记录。但有时候，这些还是进行得不够深入。有时候，一家具备了诸多积极工作环境元素的工厂却会在某些对我们显而易见、对他们却分外陌生的事情上有所欠缺，只是因为那些欠缺的员工福利或者管理工具在那个地区还太新潮或尚不为人所知。虽然同符合或努力满足我们工作环境标准的工厂进行合作很重要，但我们也承认，有时候合作伙伴需要我们的帮助。作为甲方，我们会对工厂产生诸多影响，如果这家工厂是一家长期的合作伙伴，我们对其高质量的工作或生产技术投入了大量的时间和精力，这种影响就更明显了。我们必须利用我们的影响力和诸多伙伴关系来提高产品质量、改善工作条件。这么做是为了整个生态系统的利益，这对工人、工厂和我们自己都有好处。这是个不断改进的过程，我们也处于不断的学习之中。我们一贯的行为方式，比如筛选新工厂，渐渐被一些新想法所取代，如培训工厂的人力资源经理，让他们具备我们的人力资源团队所具备的技能。在这个过程中，我们采取了与公司其他领域相同的方法：我们恳请、借鉴或者复制了其他公司的想法。

我们是美国公平劳工协会（Fair Labor Association）的创始成员之一，我们与别的公司探讨其习惯做法，询问我们的工厂及其工人，他们最需要什么样的帮助。最重要的是，我们努力把我们的思维方式传授给合作过的每个人：**整个供应链应该是一个功能良好、互相连通的系统。**

品质第一

每家公司的每个生产部门都有准时配送价格合理的高品质产品的要求。虽然管理层的工作是平衡这三个目标，而不是为了某个目标舍弃其他目标，但如果不得不进行选择，公司会做何选择呢？

巴塔哥尼亚将品质列于绝对的第一位。一家更受销售驱动的公司可能会牺牲一定程度的品质来换取准时配送，而面向大众市场的公司可能会牺牲品质和准时配送以维持住低成本。但如果你致力于生产世界上最好的产品，你就不会容忍布料在货架上就褪色，拉链拉不动，或者纽扣自己掉下来。当然，如果你当真将品质置于准时配送或者低成本之上，那也不要自我恭维。因为那样的话，你就已经把生意搞砸了。为了同时做到这三点，你得不断努力，当然品质还是要“略占上风”。

图 81：马丁·洛佩斯（Martin Lopez）自豪地展示他在巴塔哥尼亚查尔滕镇通过万维修补项目修补的一件夹克。 米奇·谢弗（Mikey Schaefer）/摄

正如这个例子告诉我们的，如果你想一开始就把事情做对，仅有事无巨细的规格说明书还远远不够，你必须全程参与。你必须确保你的供应商和承包商具备必要的知识和工具来根据你的设计标准完成工作。如果你和你的合作伙伴共同致力于达到同样的标准，那么要做到这一点就不会太难。

获得公平贸易认证

我们在 2014 年开始销售获得公平贸易认证（Fair Frade Certified）的服装。我们从小范围开始，先将 Pratibha Syntax 旗下三家印度工厂生产的 10 款女士运动衣纳入其中。2015 年春天，我们有 33 款产品获得公平贸易认证，2016 年则是 200 款。

美国公平贸易协会（Fair Trade USA）是一家非营利性组织，是北美洲领先的公平贸易产品第三方认证机构。15 年前，该组织首度与拉丁美洲的咖啡种植者进行合作，帮助他们为作物获取公平的价格。自那之后，该组织就扩大项目，将各种食品、身体护理产品、烈酒和服装也囊括了进去。巴塔哥尼亚与 950 多个品牌一起，销售获得公平贸易认证的产品，使工人们从这些产品中获得了 2 亿美元的补贴。

对于我们生产的每一件公平贸易认证产品，我们会支付一笔社区发展奖金。这笔钱会被存到由农业合作社或工人协会控制的账户，由他们来决定如何使用。这些资金

图 82：斯里兰卡阿加拉瓦塔（Agalawatta）希德拉玛尼（Hirdaramani）的工人正在缝制公平贸易认证的服装。 蒂姆·戴维斯 / 摄

将被用于社会、经济和环境方面的发展项目。例如，棉花种植者或许会选择将钱用于改善农业操作、建立雨水贮留系统，或者建设学校或健康中心。公平贸易工厂的工人可能会将钱用于孩子的卫生保健、购买自行车以改善上下班交通，或者分发现金红利。

在我们生产公平贸易认证服装的所有工厂和农场中，所有工人都能从这些资金中获益，无论他们是否直接参与了巴塔哥尼亚产品的生产。我们仍在继续扩大公平贸易认证项目，并已经将更多工厂添加到未来的生产计划中。

借鉴其他领域的方法

世界在不断变化，我们不能臆断自己过去的做事方式在未来也能奏效。为了改善商业流程，我们不断对当今的新概念进行评估，从 MRP（物料需求计划）到即时库存、快速反应系统，再到自我管理型团队。只要我们认为这些方法可能会促成准时配送、成本低廉、质量更高的产品，我们就会尝试。

任何组织对生产质量的追求必须超越产品本身。这种追求应该延伸到以下诸方面：如何组织和管理自身资源以完成大量工作，如何向其他公司和文化请教好的想法、借鉴和复制他们好的想法，如何看待事物的现状和理想状态。这一切始于拥抱变化而不是抵制变化的态度，这并不是说你只需不假思索、不权衡新想法的价值就去改变，而是假定如果我们能看得足够仔细，或许会发现更好的做事方式。

即便是看似不可能的来源，我们也应该借鉴他们有价值的想法，对之进行必要的改动，从而为我们所用。无论是在品牌形象，还是在诸多价值观上，麦当劳都与巴塔哥尼亚相去甚远，但它有一点却让我很敬佩。在麦当劳，没有人会对顾客说："抱歉，我们今天没有圆生菜了。"他们成功地做到了每周 7 天都能准时配送，我认为巴塔哥尼亚可以就这点好好学习麦当劳，学习它与供应商的共生关系。

图 83：位于北滩的旧金山店铺，以前是个修车铺。 巴塔哥尼亚公司 / 提供

销售哲学

在用户“旅行”之初建立连接

像巴塔哥尼亚这种规模的服装公司，如果没有多样化的产品线和经营方式，就会像一家农场只种植一种作物一样，承担巨大的风险，这两者只是“病症”略有不同而已。在巴塔哥尼亚，我们向经销商批发销售产品，并通过我们的零售店、邮购系统和电子商务平台进行直接销售，我们的顾客遍布世界各地。如此多样化的分销方式对我们来说是个巨大的优势。市场不景气的时候，我们的批发销售量会下降，直接销售渠道却会卖得很好，因为忠实顾客对我们产品的需求并没有减少。过去经济衰退时，我们的竞争对手会受到冲击，消费者又会转而购买我们的产品，因为在萧条期，人们会更慎重地购物。他们愿意多付一点钱购买不会过时、品质好到可以长期使用的商品。

我们在欧洲、亚洲、拉丁美洲和加拿大、日本都有业务，即便其中任何一个发生了经济衰退，我们也有缓冲的空间。比如，20 世纪 90 年代日本的“泡沫”经济破产时，欧洲却风调雨顺。每种分销手段都有自己的门道，各个分销渠道往往存在互相矛盾的需求。邮购业务需要能即时满足需求的库存深度，需要对产品目录营销了如指掌，还需要对邮件列表的效果进行详细的分析。通过电子商务的方式销售则需要时常进行网站改版。零售需要有序的商品陈列、优秀的管理和对店面员工的培训。传统批发业务的运作方式基本像一个简单的分销业务，只需将商品运到仓库，然后发送出去。

很少有企业有自信能精通所有这 4 种经营方式，但当你真的掌握了它们，这 4 种分销方式一起运作起来的效果是非常惊人的。我们认为，每一种方式对巴塔哥尼亚的客户关系都是必要的。

邮购：非正式“喉舌”

我们一直都有邮购业务，甚至在 20 世纪 50 年代末就有了。那时邮件的作用仅仅是在冬季月份里将我铺子里的岩钉送到朋友手上，因为在冬天，他们没法在优胜美地、提顿山脉或者加拿大的落基山脉，从我车子的后备箱里直接购买。我们那时采用这种方式，没有间接成本和中间商，也从未发生过不能完成订单的情况。通常的情况是订单来了，接着岩钉就被打了出来。订单满足率是 100%。

优良的客户服务当然是在那位女士要求的时候就将商品目录给她。虽然邮购是巴塔哥尼亚分销渠道中最科学化或者说最程式化的，但我们为邮购制定的首要规则却是，打破那些不适用于我们的邮购规则。作为一家尚处于起步阶段或者说不断发展着的企业，邮购是最具可预测性的。一些经典的邮购规则适用于其他邮购企业，也适用于巴塔哥尼亚，但有一些规则却不适用。其他邮购企业奉行而巴塔哥尼亚却不奉行的规则有：

- 对商品目录页面上每平方厘米的空间进行销售分析——这种分析作用不大，甚至有损我们的形象。
- 关于采取什么方向，咨询焦点小组的意见——我们向自己咨询。
- 为较昂贵的商品预留更多空间——有时候我们的商品目录上，短裤占的空间与向导夹克一样大。
- 广告文字要勾起人们的虚荣心、贪欲或歉疚感——我们的广告文案尊重事实并遵循我们的理念。

1972 年，乔伊纳德设备公司的商品目录中刊登了一篇关于“清洁攀登”的论文，自那以后，我们就明确知道，我们的目录的主要使命是作为向顾客传达信息的载体。无论是试图改变攀登理念，还是像我们在 2004 年做的那样，召集顾客参与环境投票，或者只是简单地讲故事。在我们首先做到这点之后，我们再顺便把顾客可能会购买的产品介绍给他们。

多年来，我们已经在推广产品和传达信息（包括论文、故事、图像照片等形式）间达到了某种平衡。每当我们在内容中增加了产品推介的部分，销售反而会下滑。

电商，快速传达

我一辈子都坚定地反对新技术，从来不用电脑，从没想到网上购物会成为我们生意中如此重要的一部分。我们的顾客正越来越多地通过网络来了解公司的品牌、产品、历史、服务、形象和文化。我们的电商业务同邮购业务遵循着同样的价值观和理念，差别在于电商可以更快地响应公司和顾客的需求。比如说，我们可以在季末发布我们的清仓商品，同一天就能将这些商品售出；或者可以集中号召顾客关注环境危机问题。2015 年 1 月，我们向包括美国环境质量委员会（Council on Environmental Quality）主席迈克·布茨（Mike Boots）和内政部长萨莉·朱厄尔（Sally Jewell）在内的奥巴马政府重要成员提交了一份由 75 000 人签名的请愿，要求他们拆除斯内克河（Snake River）上的 4 座水坝，因为拆除水坝对鲑鱼回归该河流系统至关重要。

网站可以作为向许多人传达信息的重要工具，而在适当情况下，又可以展现个性化的内容。例如，网站有时候会根据全国各地的寒冷程度来发送不同的穿衣概念给顾客。

网站销售与邮购还有一点不同：它需要用户不断地点击、持续地浏览网站。这与被动翻阅的商品目录很不一样。

现在，我们的在线销售已经超过了邮购的销售量，这种成功可以归功于巴塔哥尼亚同时运用其他三种分销方法所产生的协同作用。顾客可以在经销商的商店或者我们自己的商店里查看产品的质量，或者可以在商品目录上查看产品，他们可以确信在电脑屏幕前订购的产品质量会与预期相符。

零售，产品和创意的展示厅

巴塔哥尼亚进入零售领域有几个历史原因。二十世纪六七十年代的专业户外市场主要还是由五金工具构成的，大量的时间和金钱都用来推销那些商品。那些冒险进入服装业的商店老板们还只是小试牛刀，精挑细选了一些现成的设计。那时的商家希望追逐潮流，而不是开辟市场和承担风险。巴塔哥尼亚的经销商都只承接了一小部分产品的销售。那时，视觉营销还是个未知的概念，商品只是被随意地陈列在一个个镀铬架子上。衣服都不会被折叠起来，我们的衣服和店里别的品牌的衣服混在一起堆放着。

有时候，我们的内衣会被扔进地板上的大纸箱子里。除了“稳妥”的绿色或蓝色，消费者对购买其他颜色的衣服还顾虑重重。

这个产业需要一点变化，但我们没有看到任何突破重围的尝试。1973 年，我们在文图拉有一家小店面，但我们跟其他商店一样不了解商品陈列和视觉营销，所以我们还没法很好地兜售我们的创意，除非我们能有一些经验之谈。我们需要同顾客建立直接的联系，需要一个可以尝试销售创意和新产品的地方。

当时，伯克利是专业户外产业的老巢，于是我们试着在旧金山湾区搜寻店面。我们认为在那里奏效的也会在全国范围内奏效。在旧金山北滩，我们找到了一幢让我们倾心的建筑—— 一个建于 1924 年的车库，有充足的自然光，车库后面还有个花园。当地的朋友试图打消我们的念头，因为那个地方没有专用停车位，作为购物地点也有点偏僻。但我们觉得顾客会来光顾我们，比起为交通便利的地方支付昂贵的租金，我们更愿意花钱翻新这个旧车库，将它改造成一个漂亮的目标商店。我们自己设计了货架，将大部分衣服折叠起来陈列，而不是挂着。我们还制定出了自己的色彩方案，更突出颜色的展示效果。我们放大了商品目录上的图片，将它们挂在墙上。

旧金山的店铺到现在依然是我们的最爱之一。这幢经过改建的旧建筑，其风格和施工是真正地出自 20 世纪 20 年代的加利福尼亚工匠之手。

我们在旧金山取得成功之后，觉得西雅图可以成为下一个门店的选址。西雅图塔科马地区（Seattle-Tacoma area）的 19 家经销商店铺卖出的巴塔哥尼亚产品还抵不过我们在文图拉一家店的销售。那里有足够多的“用户”和人口基数，足以达到 200 万美元的销售额。西雅图的门店在 1987 年 11 月开张，此后的第一个三年里，销往地区经销商的批发销售额平均每年增长了 21%。我们显然并没有从经销商那里抢走什么生意，因为我们在那个地区的市场一直都不饱和，我们自己的零售店取得了成功，这为我们的经销商注入了信心，让他们相信自己也能销售更多巴塔哥尼亚产品。

图 85：吉田博的木刻版画，来自巴塔哥尼亚 1991 年春季商品目录

图 86：霞慕尼的商店翻新前。 巴塔哥尼亚公司 / 提供
图 87：霞慕尼的商店翻新后。 巴塔哥尼亚公司 / 提供

建筑哲学

服装设计哲学同别的产品设计哲学其实如出一辙，包括建筑设计在内。以下是我们在设计新零售店或办公大楼时使用的准则，这些准则能使建筑在审美、功能和社会责任方面都达到最优。

1. 除非绝对必须，不然不要建造新楼。最负责任的做法是购买旧建筑、二手的建筑材料和家具。
2. 试着拯救旧楼或有历史意义的建筑，别让它们被拆除。任何结构变动都应该考虑到建筑的历史完整性。我们会修正以前的租户误入歧途的“改良”，去除那些伪造的现代外观，我们希望最终可以将建筑变成“给周围社区环境的礼物”。
3. 如果没法复古，那就筑造品质。建筑的审美寿命应该同其物质材料的寿命等长。
4. 使用再生的或可再生的材料，比如钢梁、螺柱、重新抛光的木材、秸秆。安装废料做成的固定装置，如压榨过的向日葵壳和农业废料做成的装置。
5. 建造的所有东西都应该是可修理的，应该便于维护。
6. 建造出来的建筑应当能尽可能长久地存续下去，即便最初需要投入较高的成本。
7. 每家店铺都应当独一无二。当地的店铺应当尊崇并体现出每个地区的英雄、运动、历史和自然特征。

——伊冯·乔伊纳德

之后，我们决定向国际进军。20 世纪 60 年代，我花了很多时间在阿尔卑斯登山，尤其是在霞慕尼附近法国境内的阿尔卑斯山，我也经常在斯内尔草地（Snell's field）的泥地上露营，偶尔也在国民酒吧（Bar National）喝上一杯啤酒。在阿尔卑斯地区的城镇中，霞慕尼是最国际化的，来自德国、意大利、斯堪的纳维亚、英国和美国的攀登者、滑雪爱好者的数量和法国当地的攀登者、滑雪爱好者不相上下。我在那儿有着很美好的回忆，我相信那里是展现巴塔哥尼亚产品并与欧洲各国顾客建立直接联系的理想地点。我想在当地建立起一个聚集地，员工可以是来自世界各地的滑雪和攀登的狂热爱好者。我也想让那里成为环保活动的大本营，让聚集于那里的人们致力于清除冰川上的垃圾、抗议制造污染的卡车开过勃朗峰（Mont Blanc）隧道。

1986 年，罗杰·麦克迪维特去霞慕尼度假，当时正在掌管巴塔哥尼亚零售业务的马琳达让他四处找找出租的大楼。一周后，罗杰激动地打来电话，说他已经找到了一个完美的地方。他甚至已经签了租约！当照片通过特快专递寄到的时候，曾经领导过公司旧金山店铺改建项目的马琳达不禁大哭起来。然后，她在复印机上放大了照片，将这幅可怕的 20 世纪 50 年代的欧洲现代风格建筑的外形临摹了一遍。她去掉了橙色的百叶窗装饰，露出建筑结构，然后又将邻近的霞慕尼旧建筑的经典装饰加到了我们的建筑上。我们最终拥有了一家让整个霞慕尼都为之骄傲的店铺。马琳达狂热地坚持我们占据的每一栋建筑都必须与当地的历史和文化相协调，必须做好能再屹立 100 年的准备。在诸如日本这样的现代国家，已然不存在可以修复的旧建筑。在有些地方，我们则只能得到短租。这些情况下我们没有太多选择的余地，于是只能在我们的审美价值观上做出妥协。

有了自己的零售店后，我们发现加快货物周转能比追求高利润或者抬高价格带来大得多的盈利。在我们必须为贷款支付高昂利息的时候，这点格外正确。在餐饮行业，你的换桌率越高，或许就越能赚钱。在航空行业，你得让航班满仓飞行。在专业零售领域，你需要的是了解市场和市场目标人群中的精明买家。他们只是从供应商那里小规模订购，但却更频繁。你不会把昂贵的零售空间浪费在存储额外的库存上。零售店好比展示厅，你在那里展示商品，存货则摆在地下室或者附近的仓库里。

批发，将产品线做出深度

将商品批发给经销商最大的好处在于，商品可以以较邮购或零售店方式更低的投入抵达顾客之手。批发能在潜在顾客生活、旅行、购买耐用品的地方吸引到顾客，而承担劳力成本和销售成本的都是经销商。经销商负责处理和顾客的关系，此时他们就是巴塔哥尼亚的代表。那么，我们怎么保证巴塔哥尼亚的真实“信息”不在传播中遗落呢？

要将我们的信息传递出去，就需要同我们的经销商发展伙伴关系。我们所寻求的同经销商的伙伴关系，类似于开发、生产产品的员工所寻求的同供应商和承包商的关系，区别仅仅在于巴塔哥尼亚在批发业务中成了供应商。要同经销商发展伙伴关系需要投入大量的时间、精力和勇气；而一年两次“狩猎野牛”般寻找新经销商的传统方式似乎要容易得多，用这种方式每年能开发出一两百个新经销商；与老经销商合作不愉快，只要停止合作就可以了，我们为什么还要费这样的气力呢？

同少量优秀的经销商建立起顺畅的伙伴关系有一些重要的益处：

1. 我们不用再付出精力、时间和金钱去寻找新的经销商。
2. 降低了信用风险。
3. 经销商的拙劣服务会对我们产生影响，与他们终止合作会带来法律纠纷，同优秀的经销商建立起伙伴关系可以减少诸如此类的问题。
4. 我们发展专注于我们产品的忠实买家，他们或者广泛地拥有我们的各种产品，或者具有深度库存，比如小型的专卖店。
5. 能更好地控制我们的产品和形象。
6. 可以更好地得到关于市场和产品的信息。

我们的经销商在这样的伙伴关系里也有利可图。这些“利”有：

（Cabela's）及其他稍微大型一点的商店购物，那里提供了更多的选择。甚至，稍微先进一点的百货公司在销售像橄榄球衣、羽绒服这样的生活类服装方面也要胜过户外商店。小型专卖店由于空间和库存有限而没法成为服装店，往往也不具备一家优秀的攀登和徒步商店应具备的专业知识。总的来说，我们的行业没有任何发展，只有一些较大、较先进的商店经营得不错，其他大部分商店都没有什么起色。

30多年前我做了这番演讲后，大部分小型零售店的光景都更趋惨淡。在二十世纪六七十年代开设这些专卖店的那代攀登者、滑雪者和飞钓手们都已经心力交瘁，不是已经退休，就是在准备退休。他们的下一代不想接手商店，由于这个行业已经不再处于发展模式之中，所以也没什么人想买下商店。美国的REI连锁店、加拿大的运动商场（Sportmart）和法国的迪卡侬（Decathlon）占据了更大的市场份额。诸如拉夫·劳伦、汤米·希尔费格（Tommy Hilfiger）和耐克这样的主流公司都在生产戈尔特斯外壳和羽绒服，你真的可以在梅西百货找到去珠穆朗玛峰的全套行头，如果再去好市多（Costco，美国零售巨头）买一身黄黑相间的连体雪地摩托服，你的装备就比1953年的埃德蒙·希拉里[①]都好了。

由于巴塔哥尼亚并不想委托百货商店或者运动商品连锁巨头销售，1985年后，我们的经销商名单就一直在缩减。这对专业户外产业来说并不是健康的状况，全世界的小型零售商店都在面临零售业连锁化所带来的竞争，他们的问题及其解决方案与我们的产业并无二致。

诸多户外服装公司彼此之间都在互相模仿，生产款式相似、原材料相同、由相同的工厂缝制、表现雷同的产品。在这样的局面下，门上贴着25种商标的“概念”型商店实在没法将任何一条产品线做出深度。一家超市可以供应4种品牌的食盐，但一家小型的飞钓商店承担不起四五种品牌的钓竿。较好的做法是专门经营你信任的少数

① 埃德蒙·希拉里（Edmund Hillary）是世界著名登山家，他在1953年5月与同伴一起成为世上首批登上珠穆朗玛峰的人。——编者注

几个品牌，并建立起销售那几种品牌的知名度来。

网络和电子商务的出现让顾客往往比商店员工更博学，也让他们接触到了更多的商品选项，实体零售店的困境因而也更加严峻。然而，只要方法得当，一家商店可以激发出让梦想保持鲜活的热情。如果没有当地的飞钓商店，刚刚在沼泽溪（Slough Creek）捉到一条割喉鳟的钓手该去哪儿炫耀呢？或者，如果攀登商店不复存在，又将由谁来激起下一代攀登者的兴趣，教他们攀岩呢？他们当然可以上网，但是网上没有面对面的互动，也不会让人那么充实。在电视或者电脑上观看冲浪录像，根本不如在冲浪商店或剧场里和许多情绪激昂的冲浪者一起观看那么引人入胜。

专卖店可以让顾客比较、试穿商品，感受面料，区分优劣。**如果你能在用户的“旅程”之初就跟他们建立起连接，你真的可以赢得将延续一辈子的忠实客户。**

图88

图88：GPIW的客户服务。GPIW位于加利福尼亚文图拉，是巴塔哥尼亚的第一家零售店。蒂姆·戴维斯／摄

图89

图90

图 89：2015 年的万维修补旅行。 俄勒冈州史密斯岩石公园，唐尼·赫登（Donnie Hedden）/ 摄
图 90：巴塔哥尼亚的 Soho 零售店万维修补中心。 科林·麦卡锡（Colin McCarthy）/ 摄

图 91：莱因哈特·卡尔和菲茨罗伊峰，这是巴塔哥尼亚商标设计的灵感来源，
1984 年，路易斯·弗拉加（Luis Fraga）/ 摄

品牌哲学

实践我们的形象

LET MY PEOPLE GO SURFING

THE EDUCATION OF A RELUCTANT BUSINESSMAN

每个人都在其一生中不断地创造和发展着为他人所感知的个人形象，无论他是否对之有所意识。同样地，一家公司也在创造和发展着自己的形象，这个形象可能发端于公司经商的初衷，可能衍生自公司的行为，或者可能是由广告人用创造性思维从一些碎片拼凑出来的。一家公司的公共形象可能和它实际的面貌大相径庭。

我们的品牌推广目的很简单：告诉人们我们是谁。我们不用去打造诸如万宝路牛仔那样的虚构形象，也不用假装开展有担当的爱心行动，比如雪佛兰的“我们同意”广告。写作虚构作品要比写作非虚构作品困难得多。虚构作品需要创造力和想象力，非虚构作品则只需要处理真实情况。这并不是说传统广告和营销塑造出来的品牌形象不成功，不然那些聪明人怎么会被说服并养成会置人于死地的抽烟习惯呢？一条真汉子为什么要抽万宝路而不抽维珍妮（Virginia Slim）呢？答案当然是因为广告传播了相当有力的讯息，但那是弄虚作假。

巴塔哥尼亚的形象直接来源于其价值观、在户外领域的追求以及其创始人和雇员的热情。虽然该形象有其实际和可以名状的方面，但它无法被创建成公式。实际上，该形象的诸多部分都是建立在真实的基础之上，公式反而只会损害它。颇具讽刺的是，巴塔哥尼亚的真实性在于它不会首先关心形象问题。没有公式，那么维持形象的唯一方式就是实践出这个形象。我们的形象直接反映出了我们是谁、我们相信什么。

巴塔哥尼亚形象的核心是什么？公众是如何看待我们的？最重要的当然是我们的起源，我们曾是制造世界上最好的攀登工具的铁匠铺。**那些在铁匠铺里工作过的思想自由独立的攀登者和冲浪者的信仰、态度和价值观构成了巴塔哥尼亚企业文化的基础，我们的形象便是从这种文化中发展而来的，即我们代表真实、硬朗、高品质的产品，其生产者也是其使用者。**

我们的形象也逐步纳入了新一代攀登者、越野跑者、钓手和冲浪者的文化，他们想要生产世上最好的户外服装。其核心是他们对一种原始状态的承诺和付出，既包括自然世界，也包括他们参与的运动项目。他们持续坚守的价值观和信仰传承了 20 世纪 50 年代公司刚刚建立时的价值观和信仰，但他们还带来了另一样东西：他们愿意在环境问题上采取强硬立场。

我们为多种户外需求生产服装，这对我们来说是一个巨大的优势。比起只为一个市场生产服装，比如我们最初的登山生产线，我们目前的未来要宽广得多。

巴塔哥尼亚的形象是一种人类之声。它表达了人们的喜悦之情，他们热爱世界，对信仰热忱，并想要影响未来。这个形象未经修饰，不会在人性上有所妥协。这意味着它会冒犯一部分人，但也会鼓舞人心。

我们需要控制我们的形象，这很重要。这种控制不仅仅是通过我们采取的行动、售卖的商品、发扬的传统来实现，而且要通过我们在营销和销售产品的一般商业渠道中传递出去。我将这部分内容划分成了 4 块。

讲故事，传递另一种生活理念

许多公司主要通过广告来向顾客传达信息，这种方式可以抓住你的注意力，但是不能持久地保持你的注意力。只是迅速地一瞥，你就又马上回到了正在阅读的文章、正在观看的影视剧、别人家的广告，或者按下了遥控器上的静音键。据说，一个广告必须在电视观众面前播放七八次，才会开始在观众心中留下印迹。

巴塔哥尼亚旨在为人们能更深刻、更专注地体验世界和原始之地而生产产品，与此吻合的是，对于这个充斥着快速流转、令人麻木、浮光掠影式的图像和声音的虚拟世界，我们的形象也必须能为人们提供庇护，并提出另一种可供选择的生活方式。为了完整地讲述我们的故事，我们需要顾客的专心致志。我们的顾客都是读者，商品目录是我们讲述自己故事的主要手段。商品目录的优势是自给自足、便于携带，可以在顾客徜徉目录页间的时候给他们意想不到的惊喜。

商品目录的首要目标是分享并宣扬一种特定的生活理念，一种从底部支撑起我们形象的理念。该理念的基础是对环境发自肺腑的重视，是协助解决环境危机的强大动力，是对自然界洋溢着的热爱、对权威的合理质疑，是对需要勤加练习、掌握技巧的高难度人力运动的热爱，是对摩托雪橇、摩托艇这样的机动化运动的鄙夷，是对往往是自嘲的怪异幽默感的偏爱，是对真正的冒险活动的尊重和兴趣（冒险运动的最佳定义是一段你可能不能活着回来的旅程，当然如果回来了，你也绝对会产生巨大改变），是（在设计和消费方面）对“少即是多”的信仰。

商品目录是我们在每一个销售季中遵奉的圣经。我们用来讲述故事的其他媒介——网站、吊牌、零售展示、新闻稿、视频，都是将商品目录作为基础、以商品目录的图片和文字为标准构建出来的。

摄影，追求本真

当我回顾巴塔哥尼亚早期的商品目录，看到目录里的照片那么老土，实在尴尬不已。照片中的衣服是穿在人身上展示的，但由于我们请不起真正的模特和职业摄影

图92

图 92：朋友和邻居在 1980 年的商品目录中为旗布上衣做模特。讽刺的是，她身上穿的驼色旗布上衣在 2005 年日本的易贝（eBay）上售价为 4 000 美元。 瑞克·里奇韦 / 摄

师，我们便请朋友帮忙，让他们摆出愚蠢的姿势，随便按下快门照出照片。照片拍得相当糟，但那些日子里，别人家的商品目录和广告看上去也是这样。

一天，我在和我的朋友瑞克·里奇韦一起冲浪的时候，忽然冒出一个主意。我告诉瑞克，我打算开始只拍服装，不拍人，我们还将从顾客那里征集普通人的生活照。我们在商品目录上登了一则启事，发动顾客们“抓拍巴塔哥尼亚粉丝”。顾客和摄影师们的照片如洪水般向我们涌来，我们不得不设立了一个照片部门，由瑞克的妻子詹妮弗（Jennifer）担任经理兼编辑。

如果一张照片上展示的是一个有姓名的真实攀岩者在攀岩，只露一点皮肤，这要比半裸的纽约无名模特假扮成攀岩者性感得多。而且，这样的照片更真实，而真实正是我们在营销和摄影中所追求的。所以，我们对形象的选择很是小心翼翼。

这意味着我们会回绝许多照片。我们不会为了拍张照片就把抓绒夹克套在一位班图酋长身上，除非那确实是他的上衣，因为这样做太居高临下。我们不会把皮肤蜡黄的背包客在秋天的周末跋涉过阿巴拉契亚山道（Appalachian Trail）的照片洗出来，因为这样的运动太安全。我们不会展示下巴突出的登山者在疾风劲吹的山顶插下旗子的场景，因为这样的场景太具征服性。

我们展示过攀登者在岩壁下的一辆锈迹斑斑的雪佛兰车篷上野餐，展示过旅行者从小船上登陆，展示过中美洲伯利兹（Belize）破破烂烂的钓鱼小屋、在刚下的细雪中摔了个底朝天又欣喜地爬起的滑雪者、被一只加拉帕戈斯象龟在帐篷边上的洗衣点扯坏的一件抓绒夹克、一座霞慕尼的冰川上垃圾堆成的雕塑、一条横渡太平洋的船只上因筋疲力尽而在甲板下休憩的水手们、在卡车下给球形接头上油的机械师、一名在田野里给鸟绑标记环的海洋生物学家、正在保卫红杉的茱莉亚·伯特弗莱·希尔（Julia Butterfly Hill）、在后山营地“观看”电视里的冰雕节目的滑雪者。

使用普通人的生活照并在照片下面加上说明，许多年前由我们开始的这种做法现在已被户外产业的所有商品目录和杂志所效仿。

图 93：早期滑翔衣的测试。 加利福尼亚约书亚树国家公园，格雷格·埃珀森（Greg Epperson）/ 摄

图94

图95

图 94：平静的傍晚，一处僻静的岩壁。 墨西哥加农峭壁（Cañon El Tajo），雷格·埃珀森（Greg Epperson）/ 摄
图 95：约翰·谢尔曼（John Sherman）正在澳大利亚阿拉皮莱斯山（Arapiles）的“魔戒”路线上享受库伯斯世涛啤酒（Coopers Best Extra Stout）。 约翰·谢尔曼 / 收藏

图96

图 96：我们的一些客户直到巴塔哥尼亚的衣服烂得不行时才肯把它们丢掉，比如这条最受宠爱的牛仔裤。 凯西·梅特卡夫（Kathy Metcalf）/ 摄

图 97：最后一根稻草。在去内华达州鲁比山的路上，梅雷迪斯·威尔特斯（Meredith Wiltsie）正在修理汽车发动机。 戈登·威尔特斯（Gordon Wiltsie）/摄

图 98：利亚·布莱希（Léa Brassy）在法属波里尼西亚温暖的水中开始了新的一天。 文森特·格里亚特（Vincent Colliard）/ 摄

图 99：从我们最初的广告目录开始，我们就一直在试图将女性形象刻画得与男性平等。当我们展示女性攀登的画面时，她们处于领先位置，而不是在跟随。 瑞克·里奇韦/摄

文案，站在顾客的立场上

从乔伊纳德设备公司时代起，我们对文案就有很高的标准。我们一直以来都与众不同，所以将我们的故事清晰地传达给顾客就异常重要。我们既使用文字来销售产品，也使用文字来辩解观点。我们有两种基本文案：一是可以勾勒出我们其中一种价值观或者可以推动一项社会运动的个人故事，二是销售产品的描述性文案。

1972 年，乔伊纳德设备公司的商品目录上刊登的文章《清洁攀登》不仅鼓励攀登者“清洁地”攀登，而且是第一篇关于如何使用新岩塞的文章。文章刊登后，乔伊纳德设备公司的岩钉业务几乎在一夜之间就萎缩了，而岩塞业务则开始蓬勃发展。《美国高山杂志》将那本目录视为登山书籍，而不仅仅是一本商业文案，这充分说明了那本目录的影响力。1991 年的一篇介绍性文章《现实检验》（*Reality Check*）提醒顾客，我们生产的每件产品都有一定的环境危害性，并倡导人们购买更好的商品并减少购买量。

巴塔哥尼亚的商品目录刊登过一些“实地报告”，那是作家和朋友们讲述野外经历的小文章，作者有保罗·泰鲁（Paul Theroux）、汤姆·布罗考、格雷泰尔·埃利希（Gretel Ehrlich）、瑞克·里奇韦、特丽·坦皮斯特·威廉斯（Terry Tempest Williams）等。我们还委托了比尔·麦吉本（Bill McKibben）、范达娜·席娃（Vandana Shiva）、休·哈尔彭（Sue Halpern）、卡尔·萨非纳（Carl Safina）、贾雷德·戴蒙德（Jared Diamond）等人撰写了环境主题的文章，并在目录上刊登。

相较而言，有些故事更容易讲述、更不言自明或者更立竿见影。如果你告诉为人父母者当地的饮用水对他的孩子不安全，就会立刻激起他的愤怒。但要是告诉同一个人，在对一些孩子的长期研究中，令人费解地出现了癌症集中爆发的情况，这些孩子居住在大量喷洒杀虫剂的农业社区中，那你获得的反响就要弱一些。第二个故事在情感上没有那么立竿见影的效果，所以它的讲述就需要更多的投入和深度。

产品文案提供了关于面料细节和面料使用的必要信息，也支持了照片中传达的一些更微妙的信息，比如我们想在运动和生活中获得什么。我们对准确性有很高的

瓶制作的 Synchilla 抓绒的那年，按照非常保守的 1 ： 1 的公式所得的计算结果显示，我们为公司创造了价值 500 万美元的免费报道。

我们在公关上运用的方法非常激进：如果我们有新闻视角，我们就会打这张牌。我们很努力地将我们的故事带给记者，无论是关于新产品、在环境问题上的立场，还是我们的儿童保育项目。但我们并不会使用炫酷的公关工具，也不会在展销会上召开精心准备的新闻发布会。我们相信，得到媒体报道的最佳方式是有值得报道的故事。

正如我提到过的，广告在可靠的信息来源中名列最末。对我们来说，最适合采用广告的情况是新店开张的付费公告或者要吸引大众对特定环境问题的关注，例如为什么要摧毁某条河上的大坝。我们确实也会偶尔用广告来支持品牌推广，不过通常是在小规模发行的专业体育杂志上。总的来说，我们做的广告要比大部分户外公司少得多，广告费通常不到销售额的 1%，更不用说跟服装公司比了。广告通常必须要能迅速并及时地给人留下印象，不过我们在摄影和文案上所使用的标准也能达到这个目的。巴塔哥尼亚广告的照片往往是杂志中最好的照片。

图100

图 100 ：在俄勒冈巴彻勒山（Mount Bachelor）早晨的滑雪课中，格里·洛佩兹（Gerry Lopez）通过一个高速回转后继续前进。 安迪·塔利斯（Andy Tullis）/ 摄

图 101："两千万和变革"（参见第 249 页）的受益者，Bureo 公司联合创始人通过重复利用回收的渔网制作滑板。凯文·埃亨（Kevin Ahearn）/ 摄

财务哲学

我们的宗旨与盈利无关

企业到底是在对谁负责，顾客、股东，还是雇员？
我们会说不是以上任何一种。
从根本上说，企业对其资源基础负有责任。
没有健康的环境，就没有股东、雇员、顾客，也没有企业。

——

摘自2004年巴塔哥尼亚系列广告

我们是一家产品驱动型公司。这意味着产品是第一位的，公司的存在就是为了创造产品并为其提供支持。这与分销公司非常不同，它们最关心的可能是服务而不是产品。

如果你仔细研究一些公司，可能会惊讶地发现，并不是所有公司的业务都是生产有形的产品、提供有形的服务。真正的产品或许是公司本身，发展到一定程度后，公司就会被卖掉。

上市公司的产品可能是股份，因为CEO和其他内部股东所做的所有决定，或者股票期权持有者和董事会（也是股东）所做的决定，都不是基于公司的长期良好运行，而是为了抬高股票价格，直到资本可以兑现。这可能会导致“做假账”，要每个季度都出现“盈利”或者增长，假账往往是唯一的方式。这也会在公司内引起困惑，公司究竟是为了什么在运营呢？

我们的使命陈述中丝毫没有提到盈利。实际上，我们的家庭认为，我们对公司的评判标准是，经年累月下来公司做了多少善举。然而，一家公司需要盈利才能继续经营，才能继续完成公司的其他目标，我们也确实将利润视为一张信任票，是顾客对我们的作为的认可。

我们使命陈述的第三部分，“通过企业活动激发并实施应对环境危机的解决方案”，直接将领导责任置于我们身上。如果我们要通过实例来领导“美国商界”，我们就必须有盈利。就算我们捐了再多钱，就算我们因为名列“百佳公司”而获得了再多宣传，如果我们不能获得利润，就没有一家公司会看重我们。性格乖僻没什么问题，只要你有钱就行，不然你就只是个疯子而已。

在巴塔哥尼亚，盈利并不是目标，因为禅宗大师会说“当你把其他所有事情都做对了”，自然就会有利润产生。在我们公司，财务不仅仅只是管钱。在一家最不传统的企业中努力去协调使用传统的财务方式，这种财务将体现出一种领导艺术。许多公司都是本（公司决策）末（财务）倒置，而我们则努力在资助环境活动的同时，力争达到存续下一个 100 年的目标，使二者之间达到平衡。

我们的理念并没有将财务立为所有业务之本。相反，它是公司所有其他部分的补充。我们认识到，我们的利润与工作和产品的质量直接相关。不以质量为重的公司会通过削减成本来使利润最大化，通过创造对产品的虚假需求来拉动销售，通过苛刻地管理普通员工来让他们更卖力地工作。

在直接销售中，往商品目录页或者零售区中填塞更多产品并不一定会带来更多收益。高品质的展示总是会完胜“乱哄哄”的展示。我们发现，我们大部分利润来自忠实顾客的光顾。一位忠实顾客不需要我们做出太多推销就会购买新产品，他还会将新产品的消息传播给所有朋友。相较于一般顾客，忠实顾客将带来超过 6 ~ 8 倍的收益。

我们相信，品质不再是一种奢求。消费者寻求高品质，也期待高品质。美国战略规划研究中心（Strategic Planning Institute）多年来一直在搜索上千家公司的业绩数据，并发布名为《市场战略对利润的影响》（PIMS，*Profit Impact of Market Strategy*）的年度报告。该报告清楚地表明与企业成功具有最高相关性的是质量而不是价格。实际上，该中心还发现，总的来说，那些供应高品质产品和高品质服务的公司所获得的投资回报率，要比供应低品质和低价格产品的竞争对手平均高出 12 倍。

我们只要遇到重大的公司决策，答案几乎始终是提高品质。当我们做出一个有利于保护地球的决定，这个决定最终也会对公司有利。

大衰退期间最糟糕的日子里，我跟一组冲浪产业的领军人物进行了一次谈话。我谈到了我们只用有机棉，并且整顿了整条供应链。一位大型冲浪公司的 CEO 说，他们用有机棉做了一些 T 恤和帽子，但进入衰退期后，他们不得不停止了生产。我问他他们公司的销售如何，他说下降了 20 个百分点。我说，那年我们的销售额上涨了 30%。这位 CEO 的公司和冲浪产业中的其他公司现在几乎已经难以为继，因为他们不明白年轻的顾客已经有了改变。

图 103：巴塔哥尼亚和高乔人站在同一阵线。 蒂姆·戴维斯/摄

人力哲学

让我的员工去冲浪

LET MY PEOPLE GO SURFING

THE EDUCATION OF A RELUCTANT BUSINESSMAN

懂得生活艺术的大师不会在工作和玩乐之间划下不容混淆的界线。
劳作和闲暇、头脑和身体、教育和娱乐，他几乎无法区分。
无论做什么，他都仅仅是在追求卓越，
至于他是在工作还是在玩耍，留待他人去说吧。
对他自己而言，他似乎始终是在同时做着这两件事。

——

L. P. 杰克斯

巴塔哥尼亚的工作文化可以一直追溯到乔伊纳德设备公司时期。那时，我们是一家小公司，为雇员和朋友们设计并制作世界上最好的攀登装备。公司老板和雇员都是攀登者，没有人将自己视为商人。做有用又让人享受的事，制作漂亮、实用的攀登工具，让员工们使用这些工具来追逐自己的攀登事业，我们有这样的创造冲动，而工作满足了我们。另外，工作也满足了赚钱的需要。

对我们来说，谁使用了这些产品，谁制作了这些产品，两者之间并无区分。顾客的利益也是员工的利益。攀登者在制作攀登工具方面存在“既得利益”。巴塔哥尼亚的第一批服装，比如橄榄球服、“站起来”短裤，是为了攀登而制作的，而员工对待纺织品的态度也与对待铁质产品的态度无异。

比起曾经的乔伊纳德设备公司，巴塔哥尼亚当然是家规模更大、更复杂的公司。现在，大部分缝制巴塔哥尼亚服装的人都不会穿着这些服装。然而，**尽可能地雇用巴塔哥尼亚真正的顾客，这仍然是我们雇人的首要原则。**我们希望使用自己设计、制作和销售的服装，这样我们就和自己的产品建立了直接的联系，不用努力“像顾客一样思考”；但作为顾客，当一件产品不能满足我们的期待，我们就会感到不安，当它满足了我们的期待，我们则会感到自豪。我无法想象任何一家想要生产同类最佳产品的公司会雇用对产品毫无热情、毫不在乎的人。

如果巴塔哥尼亚的创建主要是源于某个营销哲学或投资机遇，公司的工作氛围就会很不一样；大家就会认为，公司的主要目标是为老板和投资者创造财富。在那里，工作可能不怎么会是一个终极目标，而更像是职业生涯中的跳板。

公司的其他价值观也可追溯至乔伊纳德设备公司时代。20 世纪 60 年代至 70 年

图 105：中国长城是早期抵抗幻想中星球大战式混战的防御机制，类似的机制有柏林墙和美国墨西哥的边境围栏。1980 年，我用攀登的方式攻破了它，它的难度系数只有 5.8。瑞克·里奇韦 / 摄

雇用不同背景的人会带来灵活的思维和使用新方法的开放心态，雇用商学院培养出来的标准人才则截然相反，他们在学校里学到的经商方法千篇一律。因为与众不同而繁荣起来的企业需要的是不同类型的员工。

我们招人的速度很慢。我们有精挑细选的资本，因为每一个待招的职位我们都会收到数不胜数的简历，应聘者全都才华横溢。我们会安排候选人接受他们未来老板的面试，以及未来同事的面试。管理岗位的候选人要同时被 4 ~ 6 人面试，或者要在几周中再来参加两到三次面试，这都是稀松平常的。

为了稳固公司的文化，我们会尽可能在公司内部寻找人选。然后我们会对新雇员进行培训，不惜在这方面花很多时间，仿佛我们的未来命系于此。

有的情况往往需要我们在短期内投入额外的精力，如在搜寻合适人选的时候职位一直空缺；花费额外的时间培训一个水上运动爱好者，使她适应公关方面的新工作；和跟你说不同语言的人一起工作。但从长远来看，这些努力都会有所回报，如果你想要在一个有趣、多姿多彩、变幻莫测的地方工作的话。

这些听起来都很棒，但现实是，我们跟大部分公司一样，不得不在公司外寻找人选来担任许多高层职位，包括 CEO 在内。一家正在发展的公司始终会对技能和经验有需求，而因为某些原因，我们在培训和指导自己的员工以使他们发展成适合这种需求的人才方面还做得不够好。或许那是因为我们自己尚在学习如何运营企业吧！

不让员工受苦

请记住，工作必须有趣。我们很重视把生活过得鲜活丰满的员工。我们的工作氛围比较随意，在我们还是铁匠铺时，只要海浪温暖、干净，有足够的高度，我们就会关上铺子去冲浪。我们的政策是始终允许员工们拥有弹性工作时间，只要他们能够完成工作，且对他人不会造成负面影响。一位真正的冲浪者不会计划下周二两点钟去冲浪。你去冲浪是因为波浪、潮汐、风向都刚好合适，你去滑粉雪是因为下了粉状雪！如果你不想成为失败者，那就最好时刻准备着，抓住机遇。我们的“让我的员工去冲浪”的弹性工作政策就是这样来的。员工们利用这条政策去追赶好浪头，花一个下午去抱石，去接受教育，或者在孩子们走下校车的时候及时赶到家迎接他们。这种弹性政策让我们留住了许多有价值的员工，他们热爱自由和运动，无法牺牲这些去将就严格工作环境的诸多限制。同时，我们发现很少会有员工滥用这种特权。

我们在福利待遇上很慷慨，但也很有战略性。每一项福利对我们的业务都是有积极意义的。我们提供全面的医疗保险，甚至包括兼职员工，这样就能吸引到真正的运动员来我们的零售店工作。我们提供办公室儿童保育服务，因为我们知道，父母们如果不用担心孩子的安全和健康，他们的工作效率就会更高。

1984 年，我们的大太平洋儿童发展中心开张的时候，全国只有 120 家这样的由公司开设的办公室儿童保育中心。我们的儿童发展中心设有婴儿保健室，可以照料最小为 8 周的孩子；还设有适合不同年龄段的孩子玩耍的房间，从学步的孩子到幼儿园儿童。儿童俱乐部（Kids Club）是为学龄儿童准备的，俱乐部会去接孩子们放学，把他们带回儿童发展中心，这样他们的父母就不用再开车跑一趟，也不用担心放学后该怎么照料孩子了。我们在文图拉和里诺的机构都设有办公室儿童发展中心，并且我们正计划在日本总部也开设一个。儿童发展中心各部分中，工作人员与儿童的比例完全超过了国家的规定，照管者都受过严格的训练，大部分人都会对孩子们讲一种以上的语言。在文图拉和里诺，孩子们都将西班牙语作为第二语言学习。

我们鼓励父母多与孩子互动，他们可以进行母乳喂养、和孩子共进午餐或者随时探访中心的孩子。我们那儿会有父亲陪着孩子一起午睡，而且这种情况并不少见。

我们知道，孩子最初几年的生命是他们一生中最重要的学习阶段。大脑迅速发育的阶段是学习认知技能的最佳时期，这包括解决问题和处理感觉的能力，以及语言、社交和情绪处理的技能。这一时期也涉及身体机能的学习，包括感知能力，也包括大肌肉运动技能和精细运动技能。

允许孩子犯错、为他创造成功的机会，这会让孩子获得一种对环境的掌控感，这种掌控感有助于发展自尊、独立和解决问题的能力。户外经验可以为孩子创造一个充满学习素材的神奇世界，这是室内经验无法复制的。把孩子放在家里的电视机前，让他每天看好几个小时电视，或者把孩子送到拙劣的儿童托管中心，都会浪费掉许多开发孩子技能的机会。

儿童发展中心和公司之间还建立了紧密的关系。孩子们有时在外面的操场上玩耍，有时来爸爸妈妈的办公桌前探访，万圣节时一个又一个班级在大楼里穿行，我们的办公环境里经常满是来自这些孩子的笑声和叽叽喳喳说话的声音。母亲在会议中给孩子喂奶，这样的场景在文图拉可谓司空见惯；这也时常提醒着我们，很多人不得不决定到底是要选择职业还是要选择孩子，但这其实不必是一个非此即彼的问题。我们的儿童保育工作不断受到全国的关注，其他企业也常常会请我们中心的照管者去帮助他们建立安全并利于儿童教育的办公室儿童保育机构。

那么，孩子们又是怎么想的呢？有一天，我走进我们的儿童保育大楼，向几个四五岁大的孩子提问："你好，小朋友！学校怎么样啊？"一个小男孩立马纠正道："我们不是在学校啊，我们在上班呢。我妈妈在那儿上班，我在这儿上班。"

这跟一般的孩子多么不同啊，一般孩子的父母每天至少消失 8 个小时，他们在成长过程中对工作的概念一无所知。难怪每个小孩子都梦想得到像欧克利（Oakley）和耐克这样大公司的"赞助"，好像这就是父母工作的全部意义似的。

在巴塔哥尼亚，我们的儿童发展中心生产着我们最好的产品之一，即优秀的孩子。小婴儿们经常由许多照管者抱着、照料着，整个村庄都在抚育他们成长，到处都是激励孩子、使孩子不断学习的体验。所以，当有陌生人对他们说"你好"时，他们不会跑开藏到妈妈的裙子后面去。

我有一回去范宁岛（Fanning Island）冲浪和钓鱼。那是一个很小的环状珊瑚岛，保留着传统的密克罗尼西亚文化，只有大约 300 个居民。有人提到说，那里大部分年轻女孩在十五六岁的时候就会怀孕。起初我觉得这糟透了，或者说如果是在我们的社会，这糟透了，但当我更深入地接触了当地的文化，我逐渐改变了看法。女孩生下的孩子会由祖父母、近亲和比她们年长的哥哥姐姐照料，而大一点的孩子几乎总是在户外的自然世界里疯跑，受到整个村子的照看。这样的系统完好地保存了他们的文化，让婴儿最大限度地获得了环境的启发。

图 106

图 106：米歇尔·格林斯尔（Michelle Grinsel）在儿童发展中心照看自己的女儿。 蒂姆·戴维斯 / 摄

我们鼓励孩子们攀爬、摔跤、擦伤，等到这些孩子上幼儿园时，新老师往往认为他们是班上最自信、最有礼貌的。我们以前常常让孩子们全天赤脚，直到老师们向我们抱怨这些孩子不愿意穿鞋去上学！

我们在文图拉有 500 多名员工，儿童发展中心里有 60 多个孩子。我们向父母们收取的费用和当地的儿童养育中心相当，因为我们为儿童发展中心另外提供了 100 万美元的资金补贴。这似乎是一个财务负担，但其实却是一个利润中心。研究显示，一家公司替换雇员的平均成本是雇员薪水的 20%，这些成本来自招聘成本、培训和生产力的损失。[12] 我们的文图拉员工中女性占了 58%，其中有许多担任的是高层管理岗位。12 儿童发展中心使她们在职业生涯中获得更顺利的发展，从而帮助我们留住了这些能干的母亲。父母们都受到激励，工作更有成效，儿童发展中心为我们吸引了很多很棒的员工。

我们还有一个值得指出的教训：哪怕你打算开一个儿童发展中心，你也需要为父母提供至少 8 周的带薪产假和陪产假（我们实际上为母亲提供了 16 周的全薪产假和 4 周的无薪产假，父亲则可以休 12 周的全薪陪产假）。不然的话，许多对为人父母尚无了解的年轻父母就会为了支付新车或者其他什么账单而赶着回来上班，把孩子往托儿所一丢。生育后最初的几个月对亲子关系的建立异常重要，此时经常跟孩子在一起的不该是儿童养育工作者。

因为重视员工的健康和员工之间的社交互动，我们专门开设了一个供应健康有机食品的自助餐厅。为了给在午餐时间跑步、打排球或者冲浪的员工提供方便，大部分盥洗室都装有淋浴设备。

我们当然也为员工购买公司产品提供了优惠。除了医疗保健，这些福利对公司来说都不是特别昂贵，医疗保健的成本还在不断提升。儿童发展计划因为有税收补贴，可以自负成本。自助餐厅则仅需要一小笔公司补贴。巴塔哥尼亚不断获得“百佳雇主”、“适合职业母亲的百佳雇主”等称号。我们始终觉得很奇怪的是会有人愿意经营一家让员工痛苦的公司。

图 107：Patagonia Works 的 CEO 萝丝·马卡里奥接受美国前总统巴拉克·奥巴马的表彰，因为我们为支持工薪家庭做出的努力，尤其是我们的儿童发展中心。2015 年，曼德尔·颜（Mandel Ngan）摄，盖蒂图片社（Getty Images）

管理哲学

我们不想要只懂得服从命令的雄蜂

LET MY PEOPLE GO SURFING

THE EDUCATION OF A RELUCTANT BUSINESSMAN

有，最好的停车位是留给燃油效率高的汽车的，无论车属于谁。我和马琳达在我们的餐厅里付钱吃午餐，不然就等于向员工示意说从公司拿东西是没问题的。

一家像我们这样的家族企业主要是靠信任在运营，而不是靠权力统治。

我发现，每当有高管或CEO离开公司，都不会在公司里掀起什么波澜。实际上，所有工作都会照常进行，就跟他们还在时一样。这并不是说他们什么都不做，而是因为整个系统自我调节的能力相当强。或许有一些人会利用我们的弹性工作政策，但我们最优秀的员工都不会想在一家对他们没有这种信任的公司里工作。他们理解我所谓的“MBA”管理（management by absence，缺席管理）既是因为我不想待在办公室，也是因为我对他们充满了信任。

让公司自然发展的原则使我们停留在容易管理的小规模阶段。我相信，要想使沟通顺畅，同时避免官僚主义，理想的状况是把在同一个地方工作的人数控制在100人以内，这也进一步呼应了民主似乎在小规模社会中运作得最好这一事实。在小规模社会中，人们会具备个体的责任感。夏尔巴人和因纽特人的小村庄不需要雇用收垃圾的人和消防员，因为每个人都会参与解决社区问题。他们也不需要警察，在同辈压力下，罪恶难以藏身。城市最有效率的规模应该在25万～35万人之间，这个规模足以对各种文化兼容并蓄，也足以提供各种城市的便利设施，而且还易于治理，圣巴巴拉、奥克兰和佛罗伦萨等就是这样的城市。

我们既要继续贯彻我们的招聘理念，雇用思想独立的人，并将职责充满信任地交予他们，又要解决伴随着公司发展而来的管理问题，在这两者之间找到平衡对巴塔哥尼亚的成功非常关键。同时，每一家公司都有其理想的规模。

经典书籍《小团体的创造力》（*Creativity in Small Groups*）的作者亚历山大·保罗·黑尔（Alexander Paul Hare）指出，规模维持在4～7人的团体在解决问题方面是最成功的。正如黑尔认为的，这很大程度上是因为小团体会更加民主、平等、互助、合作和兼容并蓄。上百份对工厂和车间的研究证明，被划分成小组的工人缺席率更低，更少生病，生产效率更高，社交互动更多，士气更高涨。这很可能是因为这样的条件在他们身上激发出了人性中最好的一面，使他们能分享劳动的意义和果实。

图108

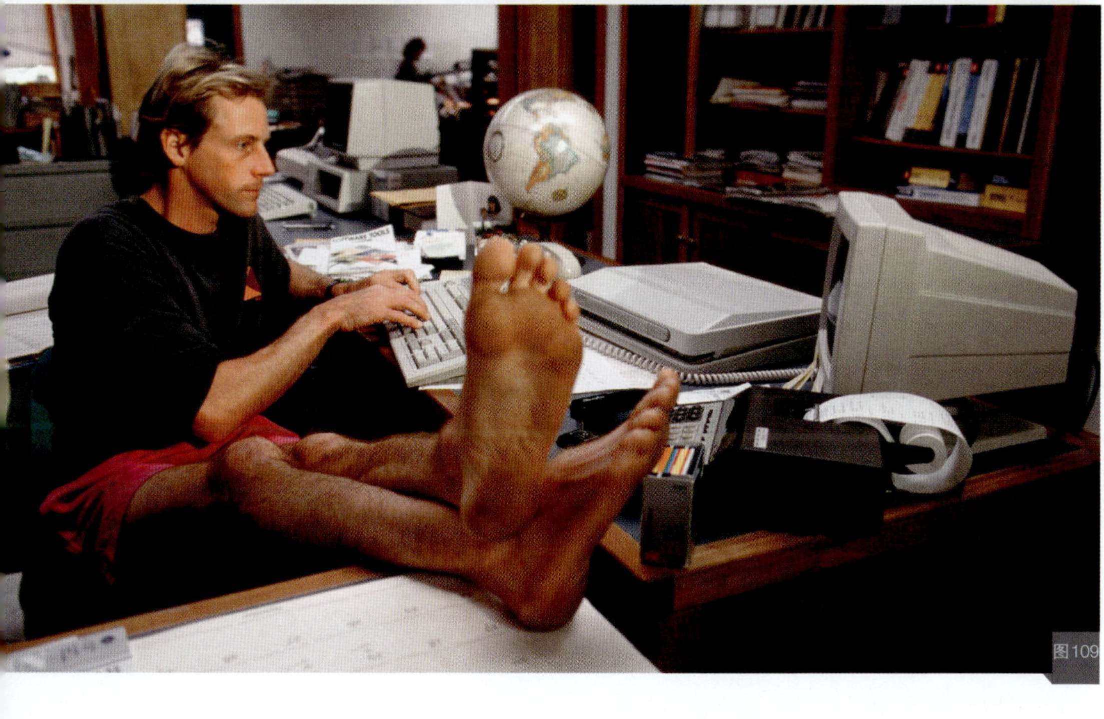

图109

图 108：午休娱乐的场所距离文图拉总部只有几个街区。 凯尔·斯帕克斯 / 摄
图 109：谁说穿西服打领带去上班就能让你更好地工作？皮划艇爱好者、冲浪者、好莱坞的特技替身演员和装配工（已退休）鲍勃·麦克杜格尔（Bob McDougal）在他的办公桌前。 1995 年左右，瑞克·里奇韦 / 摄

图110

图 110：一流机械师布拉德·麦卡利斯特（Brad McCalister）正在努力工作。西罗·佩纳（Ciro Pena）/ 摄

尽管我和马琳达一直都紧密地参与着巴塔哥尼亚的指导和运营工作，我们也还是一直有一位 CEO。巴塔哥尼亚在 40 年的时间里拥有过 7 位 CEO，这可以算是我们的失败，因为我们没能找到并留住合适的人（也可以算是巴塔哥尼亚的两位顽固的老板没有让渡权力的失败）。回首过去，他们中的每个人都为公司带来过多种多样的有益技能，无论他们的背景是零售、财务、生物、前海豹突击队，还是教育。

然而，要找到一个无所不能的人实在是不容易。比如那位你雇来裁员的“行事果断的改革专家”可能并不适合在公司稳定后继续担任运营公司的 CEO。负责创建新零售商店的人所具备的技能，往往也不同于处于运营中的商店管理者的技能。前者需要有谋略和创造力，后者则更需要有培育和发展店铺的技能。

一项针对美国最成功的 CEO（不是名人 CEO，而是那些不爱招摇、不会每过几年就跳槽的实干型 CEO）所进行的研究发现了成功 CEO 的一个共同点：他们全都享受用双手工作的乐趣。他们之中年纪稍大的人还留着自己上高中时改装过的汽车（那时还允许个人改装汽车），或是在车库里有自己的木匠车间用来制作家具。当水龙头需要垫圈、门关不严实时，他们就自己动手。无论发生什么样的问题，这些人都有自信将问题考虑清楚并自己解决，而不是去找修理工或者顾问。CEO 职业生涯的长短与其解决问题的能力、适应工作的能力以及与工作共同成长的能力直接相关。

当有问题出现时，有能力的 CEO 不会马上雇用顾问。局外人不会像你一样了解你的业务，而且我发现大部分顾问都来自失败的企业。只有面对问题，试着自己解决问题，你才能防止它们以另一种形式再度发生。面对和彻底解决问题的关键是不断地问问题，直到你排开了所有症状、找到真正的肇因为止，这是苏格拉底问答法的一种体现，丰田汽车管理层也将之称为“5 个为什么”问答法。

下面是我们最近在日本遇到的典型问题。2003 年 11 月、12 月，我们所有分销渠道的销售额急剧下降了 30%。我们问自己为什么。事情是这样的，我们的库存中有 20% 是蓬松的羽绒和人造纤维絮填充的上衣，这种羽绒服在前一年冬天很流行，所以我们以为在 2003 年也会继续流行，然而事实并非如此。我们开始为了没能赶上日本最新的流行趋势而自我责备，但我们需要问更多问题。我们其他的冬季产品也遭遇了销售下滑吗？确实如此。我们原本可以在这里止步，得出结论说巴塔哥尼亚跟不上反复无常的日本市场和潮流趋势，然后开始甩卖黑色羽绒服库存。

但是，我们问了更多的问题：别的公司和经销商情况怎么样呢？他们的销售也下滑了。为什么？原来那年 11 月和 12 月的天气出人意料地暖和，所以冬季服装都卖不出去。于是我们坚持住，没有甩卖库存。1 月时天终于冷了起来，滑雪场里积起了雪，销售量突然就上涨了。我们很快就卖光了适合寒冷天气穿着的服装库存，没有落到需要甩卖的境地。如果我们在仅仅问了几个问题之后就行动，我们就永远触及不到真正的原因：天气不够寒冷。

如果我们再度遭遇 1990—1991 年那样的低迷期，我们的政策是首先缩减不必要的花费，停止招聘，减少不必要的旅行，削减各方面的开支。如果是更加严重的危机，我们会停止发放奖金，对所有高管和公司拥有者进行减薪；然后减少员工每周的工作时间，然后减薪，最后才是裁员。

对于一家想要再存续 100 年的企业，其拥有者和管理者最好能热爱变化。在一家有活力的公司里，管理者被授予的最重要权利就是促进改变。乔纳生·威诺（Jonathan Weiner）在他的书《鸟喙》（*The Beak of the Finch*）中提到了在琥珀中保留下来的一种昆虫。 这个有着几百万年历史的标本，其外观与目前活着的同类物种几乎一模一样，只有一个巨大的差别。如今的昆虫发展出了一种能力，在碰触到了喷有杀虫剂的植物后，它们可以蜕掉自己的腿，再长出新的来。令人惊讶的是，这种能力是从第二次世界大战时期才开始进化出来的，杀虫剂的使用正是从那个时候开始的。这其中的教训是，没有压力就没有进化（变化），而进化（变化）的发生可能是很迅速的。

有 48% 的美国人不相信进化和自然选择，福音派教会的保守分子相信，地球及其生物是在一万年前由上帝创造出来的，他们将变化视为威胁，而不是成长和向更高阶段进化的机遇。

登山是另一个可以对企业和生命有所启示的例子。如何爬山要比到达山顶重要得多，许多人都不明白这一点。你可以不用氧气，单刀赴会地去爬珠穆朗玛峰。你也可以付钱请向导和夏尔巴人来帮你背行李，在裂缝前架梯子，铺放近 2 000 米长的固定绳索，让一个夏尔巴人在上面拉，另一个在后面推你。你只需要把你的氧气瓶拨到“3 000 米”，就可以上山了。

试图用第二种方式去爬珠穆朗玛峰的强壮的有钱的整形医生和 CEO 太过执着于目标和顶峰，于是他们在过程上做出了妥协。攀登危险高山的目的应该是得到某种精神成长和个人成长，然而，如果你将整个过程都妥协了出去，那就没法得到这样的成长了。

正如高风险运动会带来压力，而这些压力可以使一个人成就更好的自己，一家企业也应该不断对自己施压，借此促成自己的成长。我们公司每次遇到危机都能尽力做到最好。我对 1994 年的公司员工感到尤其自豪，当时整个公司都受到动员，到 1996 年的时候要完成从传统棉花到有机棉的转换。正是危机促使我们写下了我们的哲学，而当没有危机的时候，明智的领导或 CEO 则会创造出危机来。它不是喊“狼来了”，而是向员工们提出主动改变的挑战。

你可能会想，每当情况变糟时，游牧民族便会打包行李，搬迁到别的地方。然而，明智的领导者知道，当万事都进行得无比顺利，所有人都过得懒散、悠闲、开心时，也需要动一动。如果不动，当真正的危机发生时，你可能就动不了了。泰迪·罗斯福（Teddy Roosevelt）有过感慨：“在其乐融融的和平与安全中，人们的灵魂凋零得如此迅速。”

鲍勃·迪伦也说：“若不忙于新生，必然忙于死去。”

新员工进入到拥有强势的文化和价值观的公司中时，可能会觉得自己不应该捣乱，不应该挑战现状。事实则恰恰相反，**虽然价值观应该一以贯之，但每个组织、每家企业、每个政府或每门宗教也都必须具备良好的适应能力，必须有韧性，必须不断地接受有关企业经营的新观念和新方法。**

图 111：道格·汤普金斯（1943—2015）在海洋守护者协会（Sea Shepherd Conservation Society）的“斯蒂夫·欧文号”（Steve Irwin）上对着一艘日本捕鲸船扔臭气弹。埃里克·程（Eric Cheng）/摄

环境哲学

不做房间里的大象

LET MY PEOPLE GO SURFING

THE EDUCATION OF A RELUCTANT BUSINESSMAN

如果有人认为你可以在一个资源有限的星球上实现无休止的增长，
那人不是疯子，就是经济学家。

——

肯尼思·博尔丁（Kenneth Boulding）

我对自然世界的命运感到彻底的悲观。地球母亲若要健康存续，就需要发生一些必要的生态过程，而我生平见到的都只是这些生态过程的不断衰退。我认识的许多环境领域的科学家、许多思想深刻的人也同样对此抱悲观的态度，他们认为我们正在经历物种的加速灭绝，而这些灭绝的物种中可能包括大部分人类。

爱德华·威尔逊（Edward O. Wilson）在其著作《生命的未来》（*The Future of Life*）中将我们所处的时代描述为“大自然的极限”（nature’s last stand）。他的“地球生态指数”（living planet index）评估的是世界森林、淡水和海洋生态系统的状况，根据该指数，人类正面临着危机，正置身于由自己造成的环境瓶颈中。威尔逊坚称，21世纪必须成为“环境的世纪”。如果政府、私营企业和科学界不立即就解决环境退化问题开始合作，地球将丧失其再生能力。换句话说，生命如我们所知，已经到了穷途末路的境地。

我之所以会悲观，是因为没有看到这个社会有意愿做出足够多的努力，以应对即将来临的世界末日。然而，如果悲观主义者说“都完了，不要再费力了，忘了投票吧，不会有什么改变的”，乐观主义者说“放松，所有的事情都会好起来的”，这两者间并没有什么实际的差别。无论悲观还是乐观，最后的结果都是相同的，即一事无成。

我也倾向于相信，从最基本的意义来讲，邪恶比良善的影响力更大。我说的邪恶是指道德败坏。我曾反反复复地看到，许多机构、政府、宗教、企业甚至体育运动在本可以轻而易举地做出一些善举的时候，却变得更加邪恶。不过，正因为相信邪恶的影响力，所以我才小心翼翼，才能防住背后的暗箭，才能避免成为受害者。

对这些阴暗力量的考虑并没有让我抑郁，我其实是个快乐的人。我对此也完全是佛教徒般的达观态度。我接受万物有始有终这样一个事实。

我只能想起少数几例真正算是可持续的经济活动，这些活动可以延伸到微观层面以外以任何方式进行，那便是有选择性的林业、渔业和小规模农业。这些活动产生的产品本质上是阳光的产物，而阳光是免费的，所以除了用于产出最终产品的材料和能量，在这些产品的生产中不消耗其他多余的材料和能量是可能做到的（即没有垃圾产生）。实现这样的可持续性同时也有赖于一种前提假设，即产品生产中主要的营养来源——土壤和水没有受到其他形式的消耗和侵蚀。

“可持续”一词与“美味”“探险”这些词汇一样，因为已经被滥用、误用得太厉害，所以失去了其原有的含义。

人们所称的可持续发展远远不是可持续的，美味汉堡包不一定非要异常美味才能如此命名。《韦式词典》中对“探险”的所有定义都提到了其风险元素，然而“探险旅行”几乎总是零风险。

在 18 世纪遭到欧洲人殖民前，太平洋西北部地区人民固有的鲑鱼文化可以作为可持续生活方式的范例。鲑鱼每年都会游进河里，人们取其所需，别无其他。他们让剩下的鲑鱼继续产卵，为未来生产更多的鲑鱼。他们对森林的使用也是可持续的，因为他们在使用时有所选择，全都只用于当地，而且采伐规模适宜。

与此形式对比，如今捕捞鲑鱼的做法是开着柴油动力的大船在大洋里来回移动，无论各个品种的鲑鱼成熟与否，都一律捕捞，其中有些品种已经濒危，比如银大马哈鱼和硬头鳟。即便是捕捞某一品种的鱼，比如不列颠哥伦比亚的弗雷泽河红大马哈鱼，集中捕鱼也不会对捕到的红大马哈鱼来自哪里进行任何区分，弗雷泽河的洄游鱼群来自大约 24 条小溪，而集中捕鱼捕到的鱼可能来自其中任何一条。在其中一些支流中，红大马哈鱼的洄游数量已经大幅减少，成了只剩几百尾的濒危物种。对此的解决方案之一是像冰岛那样禁止在海洋中对鲑鱼进行商业捕捞，让鱼能够游进河里，在河里可以用渔栅、捕鱼水车和鱼梁对它们有选择地进行捕捞。像硬头鳟这种不在捕捞目标之内的鱼，则可以放生，让给利润丰厚的休闲钓鱼业。

现代工业化林业中存在着一些典型的不可持续农业的做法。由于现代林业被划分为农业，所以美国林务局隶属于农业部而不是内政部。

图113

失去孩子的母亲

北美西部庞大的河流系统包括弗雷泽河（Fraser River）、斯基纳河（Skeena River）、哥伦比亚河（Columbia River）、萨克拉门托河（Sacramento River）、圣华金河等几千条河流，当它们形成时，河里满是各种鲑鱼，这种鱼如此优雅、有力、神秘并令人哀婉，以至于有些人对它们产生如男女之情般的深深爱恋。

在内华达最东北角的地方，有一条名叫鲑鱼溪（Salmon Creek）的溪流。仅在70年前，或者更近之时，鲑鱼在完成三个月的旅行后，就会从阿斯托里亚回到这里的家，然后再沿哥伦比亚河溯流而上，接着到达斯内克河（Snake River），在这片平和、可爱的高原沙漠山谷里产卵，然后死去。如今，当你沿着这条小溪散步，看着河床里的沙砾，会生出一种怪异的失落感、一种清晰可辨的孤单和悲伤感，就像一位母亲在为她死去的孩子祈祷永生一般。

这条小溪的忧伤并不是特例。在加利福尼亚、俄勒冈、爱达荷、华盛顿和加拿大，无数失去孩子的母亲河都沉浸在这股悲伤中，她们哀悼、悲叹、哭号着，无望的哭声充满了整片大陆，诉说着她们对自己难逃厄运、再也无法回来的孩子的渴望，她们的孩子已经从地球表面永远地消失了。去年，只有一条孤零零的红大马哈鱼抵达了爱达荷。

在并不很遥远的过去，当鲑鱼游过哥伦比亚河下游时，数量多得数也数不清。有时候，会有个别的鱼被挤上岸，而那里的河流足有1米多宽。

不久前，我站在邦纳维尔大坝（Bonneville Dam）骇人的壁垒上，那里曾经有数以万亿计的鲑鱼自由自在地游弋，我当时就知道了魔鬼本尊居住在哪儿，不是在想象中某个燃烧着烈焰的洞穴里，而是在这冰冷的钢筋水泥里。这里即是地狱的中心，撒旦可以在这儿一再杀害河流和它的子嗣，他统领着一个由众多地狱簇拥而成的王国，重复进行着同样的谋杀。绝境中的河流哽咽着、咆哮着，让人仿佛听到了恐惧和厌恶的怒吼。我应邀加入了一个委员会，虽然心里完全明白这不过是以卵击石。我想过使用炸药，雇用民兵团，但这显然是无用的。要与魔鬼抗争，就需要跟他旗鼓相当的力量，需要上帝的力量。人们告诉我们，上帝不会报复，而是会原谅。他说："伸冤在我。"但是，他在哪儿呢？我们需要他莅临这片大地，需要他从伸出的手中释放出暴怒和公正的洪流，用比喀拉喀托火山（Kra Katoa）爆发、比氢弹爆炸、比所有世纪的闪电球加起来还要强劲百倍的威力，不断爆炸，释放出源源不断的肮脏气体和烟雾，可将地球置于黑暗之中长达百年，使魔鬼的城堡被振聋发聩的大灾难炸成碎片，无论是在在奥罗维尔（Oroville），在沙士达（Shasta），在赫奇赫奇（Hetch Hetchy），在宁巴斯（Nimbus），在干溪谷（Dry Creak），在皮尔斯伯里（Pillsbury），在大古力（Grand Coulee），在达尔斯（Dalles），在约翰迪（John Day），在德沃夏克（Dworshak），在博纳维尔，还是在千千万万个别的地方。魔鬼会一如既往地回来，但至少，可能还得再过段时间。

——拉塞尔·查塔姆（Russell Chatham）

图113：艾米·卡姆勒（Amy Kumler）/摄

我们的森林被等同于有待收割的农作物，树木被收割后可以进行再种植或由其自己再生，然后人们再对之砍伐和再种植，如此循环往复，树木被称为一种可再生资源。

皆伐是成本效益最好的收割方式，这种方式还能除掉不需要的灌木和价值低的树木，诸如铁杉和桤木。然后土地会被焚烧，烧完之后再种植单一作物，比如花旗松。但问题是，自然并不喜欢单一作物。

皆伐伴随着筑路（由林务局资助），会引起土壤侵蚀，导致河流淤塞，破坏鲑鱼的洄游。二次生长的树木出产的木材质量更低，它们更容易感染疾病，美国西北部的花旗松农场就正处于病毒的威胁之中。三次种植的作物需要施用大量肥料，而四次种植的作物是不是能够生长，这点还有存疑——这完全不符合可再生资源的定义。

关于在经济活动中实现不同程度可持续发展的知识，我大部分都是在自己种植花园的过程中学到的。地球上有 90% 的土地除了可以进行轻度放牧外，无法进行农业种植，我所居住的土地恰巧是其中的一部分。这里的土壤是一种无法渗透的重黏土。要挖开这种黏土，我首先得加倍使力气，挖掘过程中折断了两把铁锹的把手。我得从沙滩上弄来沙子，从一个当地的蘑菇农场弄来蘑菇堆肥，在土地上施上石膏，以便进一步分解黏土。由于土壤呈高碱性，所以我还得往土里加硫黄。土壤中氮含量很低，所以我施了鸡粪、美洲驼粪和牛粪，还有巴塔哥尼亚公司餐厅的蔬菜残渣、自家厨房的蠕虫堆肥以及海藻堆肥组成的混合肥。我得把有固氮作用的三叶草和蚕豆作为覆盖作物种植。经过多年努力，我终于可以说我有了好土壤，每年只需要施一次优质堆肥就可以。然而，如果这块地是我们仅有的食物来源，那我们可得挨饿了！

现在，添加了这么多的土壤改良剂后，我那不到 20 平方米的小花园或许可以算是有机花园了，但还远远称不上可持续。实际上，我的土壤中还缺少蚯蚓，也没有一茶匙未经利用的表层土中所含有的 50 亿细菌、2 000 万真菌和 100 万原生生物。按照大自然的规律，所有这些微生物对于创造健康的新土壤、固氮，以及让基岩释放出对人类健康至关重要的微量元素是必需的。之所以会这样，是因为我是用自家的家用水进行灌溉的，这些水杀死了土壤里的所有生物群系，于是我为我的水管和家庭用水买了一个过滤器。

现代农业综合企业的所谓绿色革命依靠的是石油，这完全是不可持续的。康奈尔大学的戴维·皮门特尔（David Pimentel）曾估计，如果全世界都像美国一样生产食物（或务农），那么只消 7 年多，我们就会耗尽地球上所有已知的化石燃料储备。《国家地理》的报道指出，生产一头牛需要消耗 8 桶油。现代农业以每年约 2.5 厘米的速率消耗着表层土，而自然生产出 2.5 厘米的肥沃土壤则需要 1 000 年。在美国中西部，每种植一蒲式耳的玉米，就要破坏两蒲式耳的表层土。农业综合企业依靠的是大量的化石燃料肥料和有毒化学品。这些企业以远大于地下水再生速度的速率泵出地下水用于灌溉，而最终产出的食物量却不及小规模有机农场。英国医学研究委员会（Medical Research Council）在 1991 年所做的研究显示，1940 年以来，蔬菜中的营养物减少了 75% 之多，肉类中所含的矿物减少了一半，水果中的矿物则减少了约三分之二。

日本农民福冈正信在他的著作《一根稻草的革命》（*The One-Straw Revolution*）中讲述了他不犁地、不灌溉、不使用化学品种植粮食的故事，他每英亩种植出的粮食与工业化农业的产出相同。来自位于加利福尼亚的生态行动组织（Ecology Action）的约翰·杰文斯（John Jeavons）使用生物集约法进行种植，他说他每英亩的蔬菜产量已经比使用机械化和化学农业技术进行种植的农场多出 2 ~ 6 倍。生物集约农业有诸多好处，比如具有节约用水的潜力，它每产出一磅谷物只需要目前用水量的 33%，每产出一磅蔬菜或无核小水果只需要目前用水量的 12%。[16]

我在自己的花园里从不需要使用任何类型的有毒化学品或者人工肥料，因为我的植物都很健康，对疾病和昆虫有着天然的抵御力。我轮种作物，也为了多样性将多种作物种在一起，所以不存在容易招来昆虫和疾病的单一作物种植。我还让百来只燕子在我的屋檐下筑巢，这样就没有飞虫可以侥幸逃过我抵御虫害的自然“空军”。

对生物组成的自然系统而言，多样性和可持续性具有生死攸关的意义，然而，如何通过良好的商业实践体现这两大特性，却并不总是很明晰。我们在最开始就假设，我们企业的生存有赖于自然资源，因此我们是自然系统的一部分，有义务对之进行维护。我们在企业经营的各个方面都提倡并追求多样性和可持续性。

在巴塔哥尼亚，对自然环境的保护和维护不仅是我们在下班后或在完成常规工作虽然这个数字的增长可能也有部分要归因于更顺畅的信息流动，但“增长主要发生在气候相关的灾难上，它们约占增长数量的 80%，而地质灾害的发生则保持平稳”。但我们却没能看到，在地球逐渐失衡的过程中，我们自己是多么不堪一击。实际上，企业反而从自然灾害中获得了利益，他们获得了政府的合同，不仅利润增加，而且还做到了将公共服务私有化。

问题的根源在于，无论是政府还是企业，都没有在对资源的使用上进行全成本核算。实际上，政府用来衡量经济健康程度的指标是 GDP（国内生产总值），GDP 通过一个国家生产的货物总量的价值来衡量该国经济的健康状况，而不是通过空气与水的洁净和可用性、土壤的健康、生态系统的生物多样性或者海洋的温度来衡量，而生产这些企业销售的产品所需要的自然资源，正是仰赖于这些自然元素的支持和供养。而且，经济发展已经演变成了一场争相榨出地球上最后一滴油的竞赛，在竞赛中，人们不惜任何代价，无视各种潜在和往往已变为现实的风险，包括有害物质泄漏、地下含水层污染和有毒气体污染。

最近，《纽约时报》报道了马克·比特曼（Mark Bittman）对一个汉堡包实际成本的估算，他将汉堡包生产过程中对环境造成的影响也算了进去。如果我们想要知道一个汉堡包实际产生的社会和环境成本，其中包括为了建造牧场放牛而砍伐的森林、动物的用水量等在内，那么牛在哪里饲养当然就很重要。比特曼先生总结道：制作汉堡包的相关外部成本大概是每年 700 亿美元，这同快餐连锁店中汉堡包的销售额是相等的，也就是说汉堡包的真实成本其实是售价的两倍。我们为消费物品支付的成本被低估，汉堡包只是其中一例，而我们付出的最大代价是适宜后代生存的地球。[17 18 19]

热带雨林是地球上生物品种最丰富的地方，但现在热带雨林中物种的灭绝速度要比物种的发现和命名速度快得多，而物种的灭绝速度又是比人类对它们潜在药用或食用价值的断定速度所不及的。更重要的是，我们不清楚这些物种在生态系统中的角色，不清楚它们的缺席可能会以怎样的灾难形式使生态系统陷入混乱。

不过我们的确清楚，自然环境已经在全球范围内被大规模扰乱了，这种扰乱的具体表现就是全球变暖和气候变化。

图116

图 116：气候变化的否认者觉得他们比世界上 99% 的气候学家都聪明，但其实他们不是骗子就是傻子，你为什么会想把票投给他们？ 2012 年总统选举过程中，我们的“为环境投票”广告。

图116

图 116：气候变化的否认者觉得他们比世界上 99% 的气候学家都聪明，但其实他们不是骗子就是傻子，你为什么会想把票投给他们？ 2012 年总统选举过程中，我们的“为环境投票”广告。

其性本恶

有限责任公司的第一次出现是在 18 世纪和 19 世纪间，它们的出现旨在解决人类文化中社会和经济系统所超过的无数限度。

铁路和其他的早期公司仅仅因为规模太大或涉及太多技术性问题，而无法凭公司创立者一己之力发展或投保。正如经常发生的那样，当公司破产，创立者却没有足够的财富来弥补损失，也没有其他人能做到。因此，对于投资者的负债，人们就为他们有责任承担的损失数额添加了一个限度。

有限责任使数代公司拥有者在经济、心理和法律上都无视毒品、渔业枯竭、债务等问题，不考虑将这些损害限定在合理范围内。

期待公司改变其运作方式简直是异想天开。与其如此，我们还不如去期待一个闹钟会煮饭，一辆车会生孩子，或者一把枪会种花。营利性公司的作用明白无误，就是聚敛财富。它的作用不是确保孩子们在没有有毒化学品的环境里成长，不是尊重土著人的自治权和生存权，不是保护工人的职业或个人诚信，不是设计安全的交通模式，不是支持地球上生命的存续。它的作用也不是为社区服务。它从来不是为了这些东西而存在，也永远不会是。

期待公司在聚敛财富之外另有作为，就等于忽略我们文化的整个历史、当今社会的行事风格、权力结构及其奖励体制。这等于是忽略我们关于行为矫正的全部知识：那些投资公司或运营公司的人，我们因其作为而奖赏他们，于是才能期待他们继续同样的行为。期待那些将公司作为挡箭牌藏在后面的人改变其行为，简直就是妄想。

有限责任公司这种机构的创建，显然是为了将人类同其行为的后果分隔开来，这当然会让商人变得不通人性、不近人情。如果我们想要生活在一个人道和有人情味的世界里，如果我们真的想要继续生存下去，有限责任公司就应当予以废除。

——德里克·詹森（Derrick Jensen）

本文首度刊载于 2003 年 3 月的

《生态学家》(*Ecologist*)，www.theecologist.org

设想一下，如果你拥有一家制造地雷的公司，你雇用了员工，你是最佳雇主之一，为人们提供工作和福利，但是却从未想过地雷实际上是做什么的。然后有一天，你去了波斯尼亚、柬埔寨或莫桑比克（Mozambique），见到了所有因此残疾了的无辜者，你说："哇哦，这是地雷造成的？"你可以退出地雷行业（或者烟草行业，或者快餐行业），也可以在清楚地知道你的产品实际上会造成什么后果的情况下选择继续。巴塔哥尼亚已经开始搜寻它自己的"地雷"。

1991 年，我们展开了一项环境评估计划，借此检验我们的产品，正如我们所怀疑的，我们制作的所有产品都造成了污染。但让我们都很惊讶的是评估的最终结论如此悲观：可持续的制造业本身就是矛盾的。

大部分人、大部分政府和企业都不想问丰田公司的"5 个为什么"，因为问出这些问题会让他们发现产生问题（多半是环境问题）的真正原因，接着他们就会被迫做出改变，或是产生愧疚的情绪。而在对环境症状无尽的"治疗"中却有钱可赚，比如启动资源战争来保护我们高油耗的生活方式，而不是在能源效率上做文章；或是试图用药丸"治疗"癌症，而不去探寻癌症发生的真实原因。

我曾经有位朋友，名叫蕾尔·苏恩（Rell Sunn），她曾是国际冲浪冠军，而且是有史以来最优雅的长板冲浪者之一。她在年仅 32 岁的时候患上了乳腺癌。她一直将自己的疾病追溯至在夏威夷怀厄奈（Waianae）度过的童年时光，怀厄奈的癌症发生率高得异乎寻常。她记得小时候总是跟在卡车后面跑，而这些车其实刚刚往甘蔗地里喷洒完 DDT 和其他化学品。空了的卡车会装上水，往土路上洒水，免得灰尘扬起，而孩子们则挂在卡车后面，在有毒的喷雾里凉快一下。那时没有人知道那些化学品最终会带来什么。

蕾尔·苏恩在 47 岁的时候死于癌症。

在 35 ~ 64 岁的美国妇女中，癌症是头号致命杀手，[21] 每年新诊断出的浸润性乳腺癌有 23 万例，非浸润性乳腺癌有 6 万例。[22] 20 世纪 40 年代时，罹患乳腺癌的风险是 1/22（每 22 人中有一例）；如今的比例是 1/8（每 8 人中即有一例），而且这个数值还在上升。[23] 这其中一定有一些环境的影响。然而对造成乳腺癌环境原因的调查研究在大型癌症组织中的优先级很低，这些组织的董事会都是由化学和制药公司的 CEO 组成的，在他们利益的驱使下，研究始终着重在药物治疗上，对污染问题则不管不顾。而且，问题并不仅限于乳腺癌。2015 年，美国国立卫生研究院的 304 亿美元预算中，仅有 2.4% 拨给了美国国家环境健康研究院（National Institute of Environmental Health Sciences），而后者是研究环境卫生的主要机构。在如今使用的 84 000 种化学品中，可能只有 1% 进行过是否会致癌的测试。[24] 实际上，研究机构致力于研究治疗方法或许算是聪明之举，因为他们知道我们永远不会放弃“化学让生活更美好”的生活方式，我们也不太可能会让我们的房屋摆脱有毒化学品。

我们没有像许多国家那样以预防为原则，而是随心所欲地采用诸如转基因食品、杀虫剂、有毒塑料及其他类似的化学新技术。我们抱着“无罪假定”的态度，把罪名是否成立的决定留给了使用者。

无论如何，最重要的是承认我捅了篓子，因此我应该清理干净，这是开始负责任生活的最佳途径。

做足够深度的调查、问足够多的问题，以此弄清楚我们的行为所带来的后果，这带出了我们环境哲学的下一个信条，即减少我们的商业行为带来的危害。

万维修补，纠正我们的行为

我们正是自己一直在等待的人。

——

纳瓦霍巫医

我们必须自己先采取负责任的行为，才有资格号召其他公司也这样做。领导别人只有一种方法，那就是一马当先、以身作则。我们的环境评估计划为我们提供了信息和训练，接受了信息和训练后，我们就有了选择。当我们积极地解决问题，而不是忽视问题或者寻找变通的方案，我们就朝着可持续之路又前进了一步。每次我们选择做正确的事，结果都表明这样做盈利更多。这也加固了我的信心，让我相信环保是正确的选择。

图 118：蕾尔·苏恩的秘密天堂是她在玛卡哈（Makaha）的家。她是旧货商店专家，很会淘买珍稀的家具、夏威夷衬衫、珠宝、日本的钓鱼浮子、夏威夷历史文化相关的物品以及油画。她的车库里摆着各种海里用的玩意儿，从钓鱼装备到大浪冲浪板。 来自《艺术酿造者》（*Art Brewer*）

图 119：蕾尔·苏恩可能是有史以来最优雅的冲浪者了。 1993 年，汤姆·凯克（Tom Keck）/摄

把有机种植的棉花替换工业化种植和工业化处理的棉花是一项积极的举措，但并不能完全解决问题。即便棉花在没有有毒化学品的环境下生长，也还是会消耗大量的水，而且如果年年种植棉花，也不可避免地会让土壤贫化。生产一件T恤需要使用约2 650升水。[25 26 27] 而水来自哪里也很关键，水可能是来自筑坝截流的水库，这样的水库阻止了鱼的迁徙，迫使成百上千的穷人迁居；或者，水也可能是来自降水充分的地区。

所以，只向供应商要求“有机”是不够的，我们得知道棉花或其他农产品来自哪里。1995年，在我们用有机棉替换工业化种植的棉花的时候，我们认识种植棉花的农民、轧棉工人、纺棉工人和面料整修工。如今，作为一家更大的企业，我们依靠第三方认证来确保我们购买的就是我们想要的货物。

我们整个世界现在在使用的资源相当于好几个星球才能承受的数量。我们再也承担不起这样一次性使用自然资源的方式了。即便是处理污水，也不能让它们就这样流进下水道和大海里，必须对它们进行循环使用。当我们不想要一件衣服了，我们往往是扔掉它，最多也就是将它捐给慈善机构，然而事实是，捐出的衣服中只有10% ~ 50%被再出售，其余的都是被扔掉了。[28 29]

2005年起，我们开始向顾客回收聚酯纤维服装，对这些服装进行循环再利用。到2011年时，我们提出要100%地回收我们生产的所有产品。但问题在于，我们的顾客不想舍弃他们的巴塔哥尼亚旧衣服，所以我们没能收回很多衣服。

我们意识到，回收再利用其实是走投无路的最后一招。我们的顾客实际需要的是修好他们需要修补的东西，将他们不再使用的东西传递下去。如今，我们位于内华达里诺的修理中心是北美洲规模最大的服装修理机构。修理中心雇用了50多名员工，他们每年能完成4万多次修补。此外，作为我们“万维修补”（Worn Wear）计划的一部分，我们也在教零售店员工如何进行基本的修补，这样我们就不用往全国各地寄送那么多物件，顾客也不用等太久就能拿到他们的东西了。我们也鼓励顾客自己进行修补，顾客修补以后，服装的质量担保也不会因此失效。

图 120：如果最后不是被扔在路边或是垃圾堆里的话，25 只这样的聚酯塑料苏打汽水瓶就能制作一件 PCR（消费后再生）抓绒夹克。 瑞克·里奇韦 / 摄

水的假象

在加利福尼亚巨大的中央山谷里，有一个被芦苇和香蒲环绕着的池塘。虽然是一个矩形的人造产物，周围的工业化棉花地一直绵延了好几公里，但池塘还是有着平和、宁静的氛围，成了人们的一片喘息之地。池塘里的水是死水，在水坝和运河从 7 条主要河流抽走河水以浇灌谷中需要大量用水的农田前，这片 640 多公里长的山谷曾一度非常富饶，蜿蜒的湿地曾像巨大的马赛克拼贴画一样分布在谷间。

池塘边站着一个人，他举着一把枪。他不是猎人，也不是强盗。他是受雇于州政府的员工，职责是一看到水鸟靠近池塘，就向天空鸣枪。为什么要这么做呢？因为这看上去如此人畜无害、微波粼粼的蓝色池水饱受农田径流带来的盐、微量元素和农药的污染，这不是池塘，而是更像一池毒汤。如果鸟类在这里停留，它们要么会死去，要么会生出有好几个鸟喙、没有眼睛的子嗣。

如果灌溉、施肥和害虫防治只是污染了静止的池塘，那问题至少还是独立的，然而事实并非如此。在中央山谷，上千英亩的河流、小溪和河口中都有很高的农药含量，地下水也一样。这片地区的大部分人口都将地下水作为唯一的饮用水来源。受污染的饮用水意味着人类的健康正遭受威胁。一些农药大大地加大了人们患癌症的风险，并导致生殖能力降低，而其中一些农药要花几十年时间才能从生态系统中完全消失。

如果地球是骨，水就是这个星球的骨髓。根据《牛津英语词典》的解释，骨髓是“关键或必要的部分”，也就是说，是一件事物的精华，就如同一株植物的木髓、一颗水果的肉。不过，尽管如此美好，水却很狡猾。它可以化身成冰，化身成雾，化身成雪，化身成泥潭。在它不在的时候，它可以造成它在的假象。然而这次，是我们玩弄了水。我们让它变得貌似一个池塘，而它其实不是。农药正在毒害我们的骨髓，我们的精华。

——乔安妮·多南（Joanne Dornan）

我们也明白，生产高品质服装的劣势是衣服还没被穿够就会被弃之不用。比如，有时候人们在穿坏滑雪服前就放弃了滑雪，滑雪服再无用武之地。此时，帮助人们将这些物品转给有需要的人的责任就落在了我们身上。于是我们提供了一个折价交易计划，我们买回这些物品，在清理完毕后将物品再度出售。这些物品的价格要低于我们的正常价格，所以就有更多人能买得起，人们就不会去购买那些工艺较逊色、质量较差、要不了多久可能就会被弃置在垃圾堆里的衣服了。为了达到这个目标，我们还在公司全国范围的“万维修补巡行”（Worn Wear Tour）中送出了需要修理的物品——我们提供修理需要的工具和物资，如果有人完成了修理，他们就能免费得到他们修理的物品。有时候，最有影响力的方案是最简单的方案，我们并不需要科技来帮我们解围。根据英国 WRAP 组织的数据，只要将衣服再多穿 9 个月，相关的碳、废物和水的生态足迹就能各自减少 20% ~ 30%。[30]

除此之外，我们还有更多的工作需要完成。我们需要进行更深入的探究，尽量生产可以实现闭路循环的产品，闭路循环的服装可以被不断地回收利用、再造成相似或

图 121：塑料从未消失，它们只是变成越来越小的碎片，最终进入到食物链中。
杰克·斯普拉特（Jack Spratt）/ 摄

在对我们的设施进行了一次节能审查后，我们开始使用节能照明设备，将多处木质天花板重新漆成白色，以便反射光源，我们还挖了天窗，引进了制热和制冷的创新技术。这一共省下了 25% 的电。2005 年，我们在文图拉的办公室安装了太阳能光伏电板，以此为部分办公室供能。这是项价值百万美元的投资，但因为退税，再加上减少了电费，不消几年时间，我们就应该能把成本赚回来了。2015 年末，文图拉办公室使用的能源中有 10% 是来自太阳能，同时我们也在努力，力争在文图拉和里诺的仓库实现更多的对太阳能的使用。

在全公司范围内从根源出发解决问题，这已经够艰难的了。而当我们走出去、步入世界，任务就变得更加艰巨了。

比如说，我们知道传统的木材行业破坏了森林，加速了生物多样性的消失，还造成了重要水域的侵蚀和洪灾。因为伐木和林地转耕地，世界上一半的森林已经消失殆尽，而剩下的森林仍在逐年减少，每年减少的面积相当于一个哥斯达黎加。[31] 热带雨林正在以每秒一英亩的速度消失，现在已有一半的热带森林被毁灭。[32] 我们可以通过行动、诉讼或者选举合适的政治领袖来努力阻止这股皆伐的势头（尤其是对古木的皆伐），然而这并不能触及问题的根源。只要有对林产品的需求存在，森林就会遭到砍伐。

如果我们继续需要石油和金枪鱼，我们终将会在野生动物保护区里钻下钻头，蓝鳍金枪鱼也将会继续遭到捕捞。

作为一家公司，我们致力于减少对不可再生资源的依赖，直到有一天我们可以转而使用危害性较小的材料。我们努力只使用再生纸和回收利用的木制品，我们的零售店和办公楼使用的都是替代性的建筑材料和从旧建筑中回收的建筑材料。我们只有在别无选择的时候才会使用木材，如果使用了木材，那么也都是重新抛光的旧木材或者作为可持续原料的原生木浆。

相比之下，对于日渐消失的森林，我们的政府所采取的办法是补助伐木和造纸产业，并提倡建立林场，以此作为“可持续”生产木材的举措。如果我们需要为木材的真实成本买单，就不会有人用小块的木材造木板房了。在欧洲，没有人建造木屋，因为木材造出来的建筑质量较差，政府也不补助相关产业。

图 122：文图拉办公室的太阳能电池板。 蒂姆·戴维斯/摄

一家公司的环境哲学还应该鼓励员工在家也参与环保。例如，虽然巴塔哥尼亚有一个支持环境事业的什一税计划，我们还有另外一项配捐计划，倡导员工向自己喜爱的环境和社会组织捐款。为了鼓励大家改变一人一车上班的通勤方式，公司的“少开车计划”为骑车上班、搭伙开车上班或者乘坐公共交通工具上班的员工提供奖金。我们也允许员工带自家的物品到公司进行回收利用。1989 年，我们盐湖城的员工将这一举措推进了一步，他们开放他们的停车场，使其成了全犹他州第一个回收站。

我们允许员工以各种形式参与环保活动，无论是以个人、团体，还是以部门的形式。只要完成了自己的日常工作，他们就有权利用工作时间参与巴塔哥尼亚的环境计划，也可以发起新的计划。

举例来说，我们在内华达有一大块地，这块地经申报成为荒野保护区，而申报是发生在反环境保护的布什政府期间。事情是这样的，当我们将仓库从文图拉搬迁到内华达的里诺，许多文图拉的员工也决定一同搬迁。到达里诺后，他们发现内华达虽然有许多荒郊野外，土地中 83% 还是国有土地，但被指定和受到保护的荒野却不多。于是他们制作了一份土地清单，发现有 1 200 万英亩的土地符合荒野标准。他们从最容易申报的黑岩沙漠（Black Rock Desert）地区开始。4 名员工找到我们，说：“瞧，如果你继续支付我们薪水，给我们一张办公桌，我们觉得几年之内我们就能有一部荒野法案了。”他们与内华达荒野联盟（Nevada Wilderness Coalition）合作，最后，约 120 万英亩的荒野得到了保护，每英亩的保护成本约 10 美分。2004 年，联盟将另外 76.8 万英亩的土地也划入荒野之列。

20 世纪 90 年代中期，有 4 人在参与拯救加利福尼亚河源森林（Headwaters Forest）的抗议活动中遭到逮捕，这片古老宏伟的红杉林正受到被砍伐的威胁。这 4 人是巴塔哥尼亚实习计划的参与者，该计划允许员工离开岗位长达两个月，去为环境组织工作，且在此期间巴塔哥尼亚仍会支付他们工资和福利。在某些情况下，公司也会为那些受过公民非暴力反抗教育并随后在支持环保事业的过程中遭到逮捕的人提交保释金。当政府违反了自己颁布的法律，或是拒绝执行自己颁布的法律，那么我相信公民反抗是正当的行为方式。

如果你问如今的人们，他们对自己的孩子有何期望，他们会说希望让世界更美好，希望能把自己成长中缺失的东西带给自己的孩子。然而，人们并没有做出相应的选择，让这个梦幻的未来成真。

没有人行动的部分原因是，人们看待自己的方式同别人看待他们的方式有所不同。SUV 车主就是个很好的例子，他们知道将 SUV 作为代步工具对环境来说是个糟糕的选择，但他们会找理由说自己只在短途旅行时才驾驶 SUV，或者只在要载很多人和装备的时候才驾驶。除此之外，他们还会说，那只是一辆车。然而在别人看来，SUV 车主造成了很大的问题。美国人所做的危害环境的选择中，有一部分要归咎于我们选择的政府和政府的政策。如果石油行业没有得到大量政府补助，我们需要支付的就会是汽油的真实成本，那就不会存在对 SUV 的需求，SUV 也就因此不会被生产了。大家都会开着混合动力汽车或者使用替代性燃料的汽车，或者乘坐高速火车。当我们走到气泵前，我们并不用为破坏环境买单，也不用为保护我们在海外的石油利益的成本买单。如果我们抽走那些补助，化石燃料和可再生能源的花费将会是相同的。

人为造成的低油价也影响到了其他产业的研究和创新。对于像巴塔哥尼亚这样使用消费后再生型（PCR）聚酯的服装企业，购买用石油生产出来的新聚酯还是要便宜些。但在不久的将来，世界上的石油都会很快被耗尽。

在我这代人还年轻的时候，我们不知道我们星球的健康正受到危害，当然也没人会想到有一天企业除了需要财政政策，还会需要环境政策。直到蕾切尔·卡逊（Rachel Carson）的著作《寂静的春天》（*Silent Spring*）在 1962 年出版，我们之中才有一些人从麻木中清醒过来。如今，大部分美国人都知道我们正面临着环境危机。但你即你所为，而并非你所言。

我们不断责备着别人，责备墨西哥人拥有庞大的家庭，责备中国人燃烧高硫煤，两天后，在万里无云、天高气爽的秋日，迈伦、乔伊纳德以及乔伊纳德的儿子弗莱彻一起坐在了直升机里，前往基特罗普。迈伦通过航拍记录了基特罗普一系列生机勃勃的景观，这些照片最终在全世界范围内发布了出来。

我们不知道的是，还有别人也在为了保卫基特罗普而奋斗。基特罗普属于海斯拉原住民（Haisla First Nation）的传统领地，这里的人不顾一切地想要拯救他们最后一片未遭砍伐的山谷。还有一个新成立的环境组织"生态信托基金"（Ecotrust），他们最近才确认，基特罗普是地球上现存最大的一片未遭砍伐的沿海温带雨林。生态信托基金的创始人斯潘塞·毕比（Spencer Beebe）已经和海斯拉的酋长杰拉尔德·阿摩司（Gerald Amos）取得了联系，并向他们提供了帮助。奇迹正在基特罗普发生。

我们将迈伦拍摄的基特罗普的照片发送给所有主要的国际环境组织，还给了海斯拉一份，后者立即出发前往芬兰与拥有伐木权的欧洲公司Eurocan进行谈判。生态信托基金会在多处发表了迈伦的照片。基金会还雇用了我，主要负责与海斯拉共同成立一个社区组织——纳纳吉拉协会（Na'na'kila Institute）。海斯拉和生态信托基金会的共同努力产生了强大的力量。巴塔哥尼亚为多项基特罗普项目慷慨解囊，这些捐款带来的影响是深远的。

对于原住民来说，社会问题和环境问题之间的关联显得尤为紧密。数十年来，加拿大原住民一直被家长式统治和体制化的种族歧视所困扰，而且只能局限在小得可怜的保留地里活动。随之而来的是疾病、贫穷，以及数量高到吓人的青少年自杀事件。生态信托基金会的不列颠哥伦比亚项目主管肯·马戈利斯（Ken Margolis）决定向海斯拉女性新成立的组织"重新发现海斯拉"（Haisla Rediscovery）伸出援手。

20 年前，"重新发现海斯拉"组织在夏洛特皇后群岛（Haida Gwaii）成立，它是一项国际性的计划，旨在帮助当地的原住民社区在偏远地区为孩子建立营地，帮助父辈让孩子重新认识传统文化。这个项目的起因是基特玛特村（Kitamaat Village）大量儿童自杀事件的爆发。将基特罗普作为儿童露营的基地，借助巴塔哥尼亚的资金投入，基特罗普的大地上很快就回荡起原住民儿童和非原住民儿童的歌声。海斯拉和基特罗普之间一贯存在很强的纽带，而现在这种联系更加牢不可破了。

在由生态信托基金会赞助的探索如何保护基特罗普的会议中，Eurocan 向海斯拉提出了巨额的贿赂金——50 年内基特罗普的所有伐木工作机会，这将为这个失业率超过 50% 的 700 人社区带来价值 1.25 亿美元的工资收益。海斯拉没有上钩，他们对地球表现出了一种很深的责任感，断然拒绝了这一行贿。海斯拉的长者告诉省级官员和 Eurocan 的管理者，只要他们染指基特洛普的一棵树，基特罗普就会流淌起海斯拉族人的鲜血。不到一年，基特罗普伐木执照的新持有者威斯福（West Fraser）表现出了罕见的企业责任感，出让了对基特罗普的所有权利，并且没有索要任何赔偿。这仿佛一记漂亮的大灌篮，将近 4 000 平方千米的荒野、无污染的河流和古老的森林永远地得到了保护。

在这次取得巨大成功的环保抗争中，有众多组织参与其中，包括生态信托基金会、生态信托基金会加拿大分会（Ecotrust Canada）、纳纳吉拉协会和"重新发现海斯拉"组织，而巴塔哥尼亚为所有参与的组织提供了莫大的帮助。实际上，

生态信托基金会和纳纳吉拉协会获得了巴塔哥尼亚有史以来最多的拨款。虽然解救基特罗普是一个巨大的胜利，但其实我们还取得了更多的胜利。纳纳吉拉协会发挥关键作用，大幅减少了不列颠哥伦比亚中部海岸灰熊的猎杀，其中，在基特罗普更是完全禁止猎捕灰熊。年轻的海斯拉族人经培训当上了保护区官员，还有许多海斯拉族人在与基特罗普相关的计划中找到了工作。

现在，基特罗普已经成为发挥地方力量的典型案例。没有巴塔哥尼亚和其他环境事业的资助者，诸如此类的计划是不可能进行的。然而，故事最好的部分在于，这些计划不只是拯救了荒野，还深刻地影响了社区和人们的生活。在这种情况下，环境保护主义是最好的社会行动。

——布鲁斯·希尔（Bruce Hill）

图 124：塔尔坦人（Tahltan）长者由于保护加拿大不列颠哥伦比亚的神圣源头地区（The Sacred Headwaters）而被捕。泰勒·福克斯（Taylor Fox）/摄

一的回应方式。当有团体聚集在我们的门店外进行抗议，当我们受到 CAC 的威胁时，我们采取了一项叫作“为每一位抗议者拨款”的策略。我们说，每当有一位抗议者出现在我们的任意一家门店，作为对其的奖励，我们会以该抗议者的名义向计划生育组织捐款 10 美元。于是他们选择了离开，联合抵制也就这样不攻自破了。《纽约时报》形容我们为“有胆量”，之后我们则收到了来自计划生育组织的支持者的上千封来信。1993 年，我们又挫败了一次类似的联合抵制行动，那次行动是为了动摇我们对森林保护团体的支持。

我们有过一些并不支持公司政治信仰的员工，我们为计划生育组织拨款极大地冒犯了他们。我的回答是，他们不应该为任何他们不支持的公司工作，无论是不支持其产品，例如烟草，还是不支持公司用其利润所做的事情。许多新员工会问，为什么巴塔哥尼亚主要支援的是环保事业，却似乎忽视了社会事业。我告诉他们，这个问题的答案（以及公司被问到的几乎所有问题的答案）就在我们的经营哲学里。而对于这个问题，答案就在环境哲学里。哲学告诉我们，要关注原因，而不是关注症状。

我们对计划生育组织的支持即是一例。虽然这个组织貌似处理的只是社会问题，但实际上计划生育组织处理的是引发我们环境问题的唯一的最大原因：人口过剩。遭遇人类最不幸事件的国家恰是那些出生率最高的国家。它们也是最贫穷的国家，因为其自然环境已经遭到了破坏，比如海地和卢旺达。因为要生存，人们为了获得燃料和庇护会将树木砍伐殆尽，为了种植食物和建造房屋会扰乱自然栖息地。穷人们，尤其是曾经农业社会中的穷人们，逼不得已开始以越来越大的规模涌入城市，污染和消耗着自然世界，因为这是他们唯一的选择。他们的土壤和地下水已经被挥霍一空，河流不是干涸就是受到了污染，地下含水层已经渐渐枯竭。

当他们的生活质量改善，他们的出生率就会自然下降，正如在大部分发达国家所发生的那样。但这种生活质量的改善要到他们能恢复土地的生产能力，开始顺应自然而非对抗自然时才会发生。

是的，我们应该支持民间组织，他们正在力争让转基因食品贴上标签，正在抗议建造肮脏的输油管，正在质疑更多的仅仅使跨国大公司获益的自由贸易协定，但我们

图 126

也应该跟他们一同站在前线上。我们已经站在了那儿。

我们已经成了一家规模更大、影响力更强的公司，拥有更多的资源。在那些我们可以产生最大影响力的领域，我们不仅对支持别人的工作责无旁贷，也有责任亲力亲为。

譬如，我和恢复生态学家马特·施特克尔（Matt Stoecker）都感到有必要拍摄一部影片，倡议保护自由流动的河流并支持在美国兴起的推翻破坏生态的大坝的活动。巴塔哥尼亚原本可以捐钱给一家大型河流保护组织来拍摄影片，但我们感到，借助外界适当的帮助，我们可以做得比他们更好。为使影片传达的信息既具冲击力又具吸引力，我们必须聘请有大坝拆除和相关研究经验并非常擅长讲故事的联合制片人。通过巴塔哥尼亚的市场和零售团队，我们在各地发行电影，并与当地非营利性环保合作伙伴举办活动。

图 126：比尔·麦吉本（Bill McKibben）在方法大会上致辞。2013 年，米基·谢弗（Mickey Schaefer）/ 摄

图127

图128

图 127：我和道格、克丽丝·汤普金斯夫妇在智利的嫣得嘉国家公园（Yendegaia National Park）进行为期 10 天的旅行。汤普金斯夫妇和上百位私人捐助者保护了 8 900 平方千米的土地，创建了 5 个新的国家公园，并扩建了阿根廷和智利境内的其他几个国家公园。计划还涉及另外约 52 610 平方千米的土地。 克里斯·凡·戴克 / 摄

图 128：赫奇赫奇，一座本就不该被建造、需要被推倒的水坝。大卫·格罗斯（David Gross）/ 摄

影片《坝之患》（*DamNation*）在世界各地电影节上赢得了许多最高奖项，已经有上百万名观众观看过这部影片。因为这部影片，人们对“清洁的水力发电”的看法有了改变，认识了其虚假性。在推倒华盛顿州斯内克河下游 4 座有危害的水坝的请愿活动中，我们通过影片募集到了 75 000 个签名。影片还产生了国际影响。芬兰议会邀请我们发言，讲述美国为什么要拆除大坝。当晚，《坝之患》在芬兰首都赫尔辛基的一家剧院放映，全场座无虚席。两天后，芬兰议会投票决定移除一座水坝，那座水坝阻断了鲑鱼游入赫尔辛基境内一条河流的路径。实际上，是当地人发起了推倒水坝的运动，但他们认为是《坝之患》使讨论转向，并最终动员政治家们支持移除水坝。

这部影片的最大成就在于，它产生了巨大的影响力，激发了世界人民勇敢地采取行动反对建造大坝。当全球领袖竞相寻找方案解决气候变化问题时，这部影片帮助人们消除了对“绿色水力发电”大坝的错误认识，并证明拆除大坝可以极大程度地恢复濒危野生生物、减少甲烷排放、增强沿海地区的自我修复能力，并消除公共安全隐患。

Patagonia Provisions，引领食物革命

这样的日子近了，面对一根胡萝卜，按照你亲眼看到的样子去勾画，就可以引发一场革命。

——

保罗·塞尚（Paul Cezanne）

在生产产品的过程中产生最少的危害，这当然可圈可点，但少为害并不等同于做好事。在应该为饥饿的星球种植食物的土地上种植有机棉花，这不应被视为有益于地球或社会的行为。

我们努力减少供应链中对环境和社会的危害，我对此感到相当满意。但那些努力是不是刚好被我们的增长、被我们使用更多资源制作的人们并不真正需要的衣服抵消掉了呢？我们可不可以不再做“房间里的大象”，不再成为自己也不愿面对的问题呢？是不是存在一种生产产品的方法，对人类和地球真正有益？

几年前，我同一家有机婴儿食品公司的成功创始人进行了一场谈话。她在寻求一些建议，想知道她怎么才能更负责任地经商。我说不要因为有机就感到满足。“你在使用哪种有机胡萝卜？”我问道，“这些胡萝卜是在哪里种植的？是在沙漠中的大型工厂化农场里用原生水灌溉种植的吗？工人们的工资足够糊口吗？”负责任地回答所有这些问题，就能减少她的供应链所产生的危害。但当时我们公司也处在相同的困境中，所以我也没法告诉她怎么更进一步负责任，而现在我有了答案。

在地球上危及生命的诸多威胁中，没有比全球气候变化威胁更大的了。人类正在将让我们的星球有别于其他星球的适合生物居住的独一无二的因素置于险境之中。

除非我们可以成为问题解决方案的一部分，不然，我们为了让巴塔哥尼亚成为一家更有担当的公司所做的全部努力都只是徒劳而已。正如戴维·布劳尔（David Brower）所言：“在一颗死去的星球上并没生意可做。”社会在努力地减少使用矿物燃料过程中排放的二氧化碳，而这份微薄的努力只是在不停地解决症状而不是深入到根源，并没有给我们带来什么出路。加快的发展和增长的消费使我们以可持续性为目标所获得的任何微弱进展都变得徒然。

我们设定了目标，禁止二氧化碳水平超过 350 ppm①（我们已经超过了 440 ppm），但我们不能仅仅满足于此。[34] 我们已经虚度了这么多光阴，没有做出任何必要的实质性举措，现在，我们不得不将二氧化碳浓度降低到工业革命前的水平。海洋的酸化已经严重到了要花 1 000 年时间才能使海水的酸碱度回到有益于生命的 pH 值。

我们该怎么做呢？我们需要一场革命，我始终相信，唯一可能的革命在农业领域。

如果我们想要解决环境危机，我们人类就不能再在现在的道路上继续前进下去，对此我深信不疑。以往的商业模式并不能缓解我们的危机，因为我们恰恰就是因为那样行事才陷入了今天的境地。世界上最大的产业——食品生产产业的危机是最为严峻的。现代的“绿色革命”与它使用的所有技术和化学品，让我们一败涂地。

---

① ppm 是表示气体浓度的单位，表示一百万体积的空气中所含某种物质的体积数。——编者注

已经有研究证明，农业领域的绿色革命所仰仗的转基因种子、化学肥料、农药和对水的不可持续使用，让我们暂时可以为更多人提供食物，但这是不可持续的。我们付出了很多代价：表层土被破坏，天空、土地和水源受到污染，小农场主离开自己的土地，二氧化碳的排放也增多了，最终，比起更自然的务农方式，绿色革命的每英亩食物产量将会更少。然而，由于政府对农民和化石燃料产业的大量补贴，工业化农业依然是目前的农业范例。

现代食品的生产是地球遭到破坏的主要原因之一。世界上有近 30% 的可栖居地和 70% 的水被用于放牧和务农，[35 36] 恐怕不太可能还会有其他产业会造成如此广泛而深远的影响。然而目前为止，我们在农业上的自我管理做得非常糟糕。据估计，仅在美国，每年就要使用大约 4.5 亿公斤的杀虫剂。[37] 莠去津（Atrazine）是一种被广泛使用的除草剂，并有可能破坏人体内分泌系统，根据美国农业部的测试结果，美国有 94% 的饮用水中含有莠去津。[38] 在过去 150 年中，全世界流失了一半的表层土。[39] 富营养化的径流造成了墨西哥湾和全世界范围内海洋死区的蔓延。自从由机械和化学品支持的工业化单一作物种植成为常规，生物多样性便大幅减少。

几十年来，农民和牧民一直目睹着曾经富饶、多产的土地渐趋贫瘠。现代农业通过耕地、单一作物种植、合成肥料、农药和杀虫剂来增加产量，这些技术的使用实际上破坏、侵蚀并贫化了土壤，迫使农民形成了长期依赖，他们必须越来越多地使用这些原本让土地退化的技术，才能种植作物。

传统的观点是，一旦土地退化，这种退化就是不可逆的。然而，一些农民发现，修复土地不仅是可能的，而且可以很快实现。通过停止用犁耕地和用飞机喷洒农药，借助于覆盖作物、堆肥、轮作和整体放牧这些技术的使用，农民可以在几年内就创造出高产量的健康土壤。这些土壤需要的水更少，干旱时期的产量更高，务农成本一般要低于他们使用现代农业的同行。[40 41]

研究结果表明，健康的土壤也会吸收碳，而且是很多碳。覆盖作物和可再生放牧的技术增加了光合作用，光合作用会从空气中吸收二氧化碳，并将之渗透到地下。弃用化学品而用堆肥可以培养细菌和真菌，而它们又有助于堆肥的形成，非破坏性的免耕系统则锁住了碳。[42,43] 尽管存在许多不同的看法，但即便是最不乐观的意见也表示，如果全球都转而使用可再生的耕种方式，我们全年的二氧化碳排放就能被吸收回地下。[44] 这意味着，我们只需改变务农和放牧的方式，就能扭转全球变暖的趋向。

加利福尼亚大学伯克利分校的科学家们在加利福尼亚的一小部分牧场进行了一次碳实验。他们在牧场上铺了约 1.3 厘米厚的堆肥，每过 8 年进行一次测试，结果他们发现，土壤的碳吸存量从每年每公顷 0.5 吨增加到了每年每公顷 3 吨。[45] 如果这层薄薄的堆肥被铺在了加利福尼亚四分之一的牧场上，土壤就会吸收掉加利福尼亚温室气体排放总量的四分之三。

那么，如果通过可再生农业吸收碳的设想最后被证明不能解决全球气候变化，又会怎么样呢？如果做出这样的尝试，我们损失什么呢？当含有矿物燃料肥料的径流减少，海洋死区的面积也会缩减。我们损害的只会是大型化学品公司、转基因种子公司和绿色革命农业综合企业巨头的股价。还有，因为大型牧场失去了补助，快餐的成本可能会上扬。那么，我们又会收获什么呢？

我们会让上百万待业的年轻人得到有意义的工作，在当地种植品质更好、更有营养的食物。我们可以在减少化学品和水的使用的情况下提高每公顷蔬菜的产量，超越有机农业，实现恢复性的农业。这是一种可以培育出表层土的务农方法。

这可是个大手笔。但我们要做到那步还有许多工作要做，而我想参与其中。

2013 年，我们开办了一家名叫 Patagonia Provisions 的新公司。这是一家跟我们的服装公司拥有共同价值观的食品公司。到 2050 年，为了养活这个饥饿的世界，我们需要再多生产 50% 的食物，从这个事实中，我们看到了引领食物革命的契机。

我们组建了一支小型“海豹突击队”，成员有植物遗传学家、渔业生物学家、农民、渔民和厨师，团队的目标是生产最高品质的食品。我们都知道，土壤类型、气候、日照等条件会极大地影响酿酒葡萄的品质。为什么蔬菜和谷物不是这样呢？之所以不能说有机胡萝卜比工业化种植的胡萝卜营养多出百分之多少，原因之一是胡萝卜的种植地会对此有很大的影响。超越有机种植或许也意味着，在应该种植胡萝卜的地方种植胡萝卜，并用可以培育出表层土的方式来种植，从而优化胡萝卜的总体质量。

图129

图130

图 129：尊重捕到的鱼。 艾米·卡姆勒 / 摄
图 130：内特·普塔契克（Nate Ptacek）/ 摄

Patagonia Provisions，引领食物的革命

食品产业中存在着很大的机遇，可以促成积极的改变，而且势在必行。我们在 2013 年创办了 Patagonia Provisions，目标与我们所做的所有事情的目标一致：做最好的产品，杜绝不必要的危害，通过企业活动激发并实施应对环境危机的解决方案。但 Patagonia Provisions 的目标并不仅限于此，还旨在通过我们生产的食品和使用的收割方法做点好事。

Patagonia Provisions 关乎找到修复生态链的方法。我们会同往常一样卷起袖子，尽可能学习关于每件产品来源的所有知识。我们会在现存的最佳实践以外，寻找可以切实打造和改善自然生态系统的方法，可以切实为善而非仅仅是减少危害的方法。正如我们可能已经猜到的，减少危害往往最终还是走上了产生危害的老路。

这里有三个例子。

未来的渔业

我们的野生细鳞大马哈鱼是在华盛顿州鹿米岛（Lummi Island）的礁网渔场内捕获的。礁网捕鱼（reef netting）是一种美洲原住民使用的借助于雪松制作的独木舟和渔网的捕鱼方法，他们已经用这种方法捕了好几个世纪的鱼，使用这种方法，可以让我们有选择地捕到足量的细鳞大马哈鱼，却又不伤害其他品种的鱼。我们现在使用的船比过去大，而且还用上了绞盘来拉网，但捕鱼方法本身并没有什么大的变化。

大部分商业捕鱼会形成激烈竞争并造成大量浪费，礁网捕鱼法却需要团队合作。两只固定的船中间拉起一张水平的网，网口对着水流，再在水平的网上拉起一张倾斜的网。渔民们站在船上的塔状架子上，看着一群大马哈鱼游入网中。当鱼群游到网中，捕鱼队就拉起网，将网中之物轻轻地倒进网状的鱼舱里。鱼会被分类，任何不想要的品种会再度回到水里。渔民会在剩下的大马哈鱼的鱼鳃上划一道口子放血，再将它们转移到一个冷冻的提袋里冷藏，它们会在那里待到这天结束，渔民到时候会对它们进行后续处理。

这些古老的技术造成的碳足迹是最少的，只捕捉目标鱼类，不会有任何副捕获物，并且产出了市场上品质最好的细鳞大马哈鱼。这种方法使文化和社区在这片美丽至极的地方得到了延续。我们相信，礁网捕鱼和其他选择性捕捞的古老技术代表了渔业的未来。

吸收碳的海绵

工业革命发生时，我们种植食物的方式产生了巨变。我们抛开动植物的自然养育方式，开始像生产汽车一般生产起了动植物。饲养场取代了草场，化学肥料取代了自然生产的肥料，当时的土壤健康无需人们担忧，于是我们通过耕种犁地破坏了土壤。如今，根据联合国数据，我们已经

图 131：北美野牛漫步之处草势繁茂，草根深深地扎入大地。美国南达科他州天马行空牧场（Wild Idea Ranch），乔恩·莱维特（Jon Levitt）/摄

杀死了地球上近四分之三的土壤，在杀害土壤的过程中，我们可能还碰巧造成了气候变化。

动物是健康土壤形成过程中至关重要的一部分。过去，我们的大平原上有三亿头北美野牛（如今有大约 100 万头），它们的蹄子碾磨着土壤表层，它们不断迁移的群落以自然不断生长出来的茂草为食，那些茂草消耗着来自大气的碳。那时，大平原吸收着碳，如今，那些碳则受困于我们的上空，加热着整个地球。

那么，如果我们恢复野牛的数量，用效仿自然的方式养育它们，结果会怎么样呢？我们可以借此再把碳吸收回地面吗？

简而言之，完全可以。实际上，Patagonia Provisions 正在资助天马行空野牛公司（Wild Idea Buffalo Company）的丹（Dan）和吉尔·奥布莱恩（Jill O'Brien）的研究，我们的牛肉干正是他们公司生产的。在他们的土地上，他们正在测量土壤吸收回来的碳的数量。我们与地下碳和应用环境服务组织（Carbon Underground and Applied Environmental Services）一同合作，已经制作了上百份土壤样本。我们将这些样本与邻近的使用工业技术养育动物的牧场的土壤进行了比较，最初的结果显示，奥布莱恩家的牧场的土壤每公顷多吸收了 10 吨碳（大约是每英亩多吸收 4 吨）。大平原占地 18 000 万英亩，全世界有 35 亿英亩的牧场土地，通过放牧来修复土壤，可以从我们的大气中吸收掉几十亿吨的碳，这样做很可能可以在我们有生之年让气候变化得到逆转。

超级小麦肯扎（Kernza）可以供养我们并拯救土壤

或许肯扎是种古老的多年生植物，但现在科学家们对它寄予厚望，希望它能催生出一种可以

图 132

帮助治愈地球的全新谷物。肯扎是一种草，它的种子类似于低筋小麦，而且比现代小麦更有营养。与玉米和小麦不同，肯扎即便在冬天也能在地里存活。这意味着它需要的肥料和农药更少，也不需要那么多耕作和播种。

它最重要的特性是与土壤交互的方式。肯扎的根系发达，至少能够扎到地下三米深的地方，可以吸收水、氮和磷，并固定住土壤，防止土壤侵蚀的发生。由于根系发达，肯扎抗干旱能力很强，据预测未来水会越来越稀少，所以抗干旱能力将会是项重要的优点。

最重要的是，根据土地研究所（Land Institute）的科学家李·德哈恩（Lee DeHaan）的研究，肯扎可以"改善土壤品质，从大气中吸走二氧化碳"。这确实是一种有助于逆转气候变化的方法。

我们同土地研究所及明尼苏达大学一同合作，正在开发多种将肯扎谷粒应用到食品中的方法。我们也在同来自旧金山塔汀面包房（Tartine Bakery）的查德·罗伯森（Chad Robertson）以及来自斯卡吉特谷（Skagit Valley）面包实验室（Bread Lab）的斯蒂夫·琼斯（Steve Jones）进行合作，研究其他的多年生小麦和最具美国特色的谷物——荞麦。

图 132：在菲茨罗伊峰的营地里烤面包。1968 年，克里斯·琼斯 / 摄

图 133

图 133：右边的是现代小麦，左边的是肯扎多年生小麦，猜猜它们中的哪一种吸收的碳更多。 吉姆·理查森（Jim Richardson）/ 摄

我相信革命的开始，借用一下戴维·布劳尔的话就是，要靠“回过身去，迈出一步”。换言之，我们需要回到过去主要依靠有机种植、生物动力学和轮作的务农方法。巴西的农民通过将绿肥和豆类作为覆盖物，将玉米和小麦的产量翻了一倍。华盛顿州面包实验室和堪萨斯州土地研究所（Land Institute）的科学家们正在重新发现多年生小麦和其他用水需求更少、对表层土破坏很小的传统粮食。慕尼黑工业大学（Technische Universitat Munchen）最近的一项研究显示，有机农场每单位产量排放的温室气体要比传统农场少 20% 左右。[46] 罗代尔研究所（Rodale Institute）发现，用有机方式管理的土壤实际上对碳的吸收要大于对碳的释放。[47] 他们发现，如果将所有的农田变成可再生农田，这些农田将会吸收掉每年释放出的二氧化碳的 40%，如果将牧场土地也变成可再生型，那些土地将会再吸收掉 71% 的二氧化碳。[48] 我们在全球范围内面临着气候变化、干旱的增加以及矿物燃料的供应下降，显然现在是时候重新思考一下我们的农业方式了。

许多人认为小规模耕种无法与大规模的农业综合企业相抗衡。如果你持这样的观点，那么或许你也会认为任何一种类型的小企业都无法与大公司竞争。在他们设的局里，按照他们定的规则，你确实没法与他们竞争。

有 20 头奶牛的法国农民没法靠向合作社卖牛奶维持生计，无论他的牛奶品质是否更好。但如果他自己做奶酪，直接通过农贸市场销售，或者直接卖给餐厅，他就脱离了商品和分销系统的限制。

接下来的故事会让我们了解一些库存周转的知识。唱蛙农场（Singing Frogs Farm）在加利福尼亚塞瓦斯托波尔（Sebastopol）有 8 公顷的农田，他们通过打破模式，不仅有了竞争力，还茁壮地成长了起来。

当他们收割像西兰花这样的作物时，会将茎割下留在地里作为堆肥，作物的根部则被留在地下，用于供养微生物和蚯蚓。在地里铺好一层堆肥的当天，他们又种下了从暖房取出的幼苗。这样做不需要等待种子发芽，他们不使用有毒化学品，也不犁地。他们自己培育的土地里一年要出产 3 ~ 6 种作物。农场每英亩的收入为 10 万美元，是加利福尼亚其他同类农场每英亩平均收入的 10 倍。[49]

图 134

基金会

为了解决环境危机，我们需要为环保活动家们提供资金，这件事迫在眉睫，从而引出了基金会及其角色的问题。法律规定，基金会每年必须捐出其至少 5% 的资产。2001 年，在美国，基金会们捐出了将近 300 亿美元的款项。[50] 那是一个相当可观的数字，但考虑到大部分问题的迫切性，而且几乎所有问题都有环境方面的因素，在环境正在经历如此快速的损耗的当今，将基金会捐出来或许会更有意义一些。

大部分基金会的建立都是为了彰显创建者的财富和个性，因此，基金会通常都会以永远存在为目标运行下去。然而，当前存在着强有力的理由需要基金会捐出更多资产，甚至不惜以关闭基金会为代价捐出其全部资产。如同任何会随时间推移而增值的投资，即刻捐献或许要比之后捐出一笔更大的数目产生更大的效益。对于所有快速蔓延的环境问题，这一点是毋庸置疑的。

基金会，尤其是较大规模的基金会，正在越来越保守。如果他们有钱并且愿意义无反顾地投入，接下来的问题就是怎么做才能带来最多的好处。如果基金会存在的目的在于将财富转化为社会问题的解决方法，那么更多地捐献，直到问题得到真正的解决，这是完全合情合理的。

除此之外，基金会的创立者或许还能在其有生之年就看到他们的赠予所取得的积极成果。

——伊冯·乔伊纳德

图 134：在野外生存达 50 年之久的火烈鸟在智利巴塔哥尼亚公园的浅水湖中找到了安全的避风港和充足的食物。 林德·韦德霍夫（Linde Waidhofer）/ 摄

1% 地球税联盟

1999 年某个秋日的下午，我正和克雷格·马修斯（Craig Mathews）一起在斯内克河的支流亨利福克河（Henrys Fork）上飞钓，克雷格是蒙大拿州西黄石镇蓝带蝇饵商店（Blue Ribbon Flies）的老板。我们在讨论一些共识，那就是我们的公司都依赖地球的荒野地区而存在；作为个人，我们也都相信健康的自然世界对人类的存续是必要的。基于这两个原因，我们通过我们的公司支持着民间环境组织，虽然我们早就已经料到，在一些有争议的问题上表明立场会让我们失去一些顾客。当我们聊到我们两个人的生意恰恰都是因为我们“激进”的立场而发展了起来时，谈话迎来了一个转折点。这似乎并不仅仅是巧合，要是说我们莫名巧妙地多吸引到了一些不知从哪儿冒出来的激进分子来购买我们的产品，这似乎也不太可能。这其中还有其他因素，那就是：顾客们愿意支持那些不仅在环境问题上立场明确，而且通过捐助行动主义者来实践其立场的公司。

2001 年，我和克雷格·马修斯决定成立一个名为“1% 地球税”（1% for the Planet）的组织，这是一个企业联盟，其成员承诺捐出至少 1% 的销售额，用来支持保护和修复自然环境的积极努力。“1% 地球税”专注于为民间的环境组织提供更多的财政支持，从而使之能起到更大的作用。“1% 地球税”的初衷是为形形色色的环境组织提供资助，好让它们在整体上联合成更加强大的力量，帮助解决世界性问题。

联盟的工作方式是这样的：每家成员公司捐出其年销售额的 1%，作为提供给非营利性环境组织的免税捐款。成员可以从上千个在“1% 地球税”注册过且得到批准的团体名单中选择捐助对象。每家成员可直接向他们选择的团体进行捐助，这简化了决策流程，最大限度地减少了官僚主义，且有利于成员公司同他们资助的团体建立起独立的关系。

作为回报，成员公司可以使用“1% 地球税”的标识向顾客传达自己在环境事业上的投入。“1% 地球税”的标识可以让顾客们轻易分辨出企业是在进行绿色营销，还是真正地投入了环保事业。加入“1% 地球税”表明了一家公司已经认识到环境是地球上包括人类文明在内的所有生命的根基，表明其已经认识到健康的环境对所有生命形式未来的发展都是必需的。

我们将捐款数额定为销售额的 1% 是因为这是一个“稳定明确”的数字，同上下浮动的利润没有关系，这样，我们也可以将自己与那些用绿色营销来推广产品的公司区分开来。含糊其辞地宣称一家公司捐出了“一定百分比的销售额或利润”是毫无意义的，那可以是 1 美元，也可以是 100 万美元。“1% 地球税”这一名字表明其成员至少要捐赠 1%。

设想一下，如果总统提议下回你申报所得税的时候，可以在表格背面某处填写“我想让 15% 用在这里，10% 用在那里”，你肯定会抓住这个机会点明要把交的税用在哪里。我相信这可以叫作有代表权的征税。而现在你没有发言权，尤其当你的党派不是执政党。但如果你用为活动家们捐款的方式先对自己征税，你就能决定要把钱用在哪里。

我们之中并没有多少人相信政治家和公司高层会带领我们走出这条通往世界末日的环境下坡路。一场革命势在必行，而革命并不会从上层阶级爆发。“1% 地球税”是针对资源消耗而对自身征收的税费，但它也是一种保单，保的是我们将来仍能继续经商。我希望通过仅让公司们为环境捐出 1%，感受到摩门教徒 每年将 10% 的收入捐给教堂时所感受到的那种投入感和满足感。他们缴纳的什一税让他们心安，因为如果他们失去农场，还会有教堂照料他们。

对我而言，要解决世界面临的问题，其实很简单：我们必须行动，如果我们不能亲自行动，那我们就得掏腰包。最让人恐惧的时刻是写第一张支票的时候，但你是否知道，第二天地球照旧运转：电话铃仍旧在响，桌子上还有食物，而世界则好了那么一点点?

正如圣雄甘地所言:“改变世界前，先改变自己。”

图 135

图 136

图 135：莫罗·马佐（Mauro Mazzo）、克雷格·马修斯和我。 姆·戴维斯 / 摄
图 136：在寻找头绪吗？去种棵树吧。只有乐观的人才会那么做。 米·卡姆勒 / 摄

图137

图138

图 137： 高乔人抗议在智利贝克河（Río Baker）和帕斯夸河（Río Pascua）流域上建造大坝，即“阿亚森水电站”项目（HidroAysén's plans）。 亨利·塔米（Henry Tarmy）/摄

图 138： 艾米·卡姆勒/摄

后记

回过身去，迈出一步

我对简化自己的生活进行了些微的尝试，从中得到的收获足以让我知道，如果我们必须或者选择过更简单的生活，那么得到的不会是穷困潦倒；相反，在所有真正重要的方面，那都会是更加富足的生活。

LET

MY
PEOPLE
GO SURFING

接着又有了摆弄小玩意儿的人，人们也叫他们体育用品经销商。
他们用无数奇妙的装置装扮了常在野外活动的美国人，所有这些装置都助长了他们自力更生、乐意冒险的精神，为他们的丛林求生技能和射击技术锦上添花，却又往往成了他们的替代品。
小玩意儿装满了口袋，从脖子一直挂到了皮带。
身上装不下的则塞满了汽车后备箱和拖车。
每件户外装备都变得越来越轻，质量常常还越变越好，但所有小物件加在一起，重量却可以以吨计算。

——

奥尔多·利奥波德（Aldo Leopold），《沙乡年鉴》（*A Sand County Almanac*）

禅宗大师会说，如果你想改变政府，就得改变企业，如果你想改变企业，首先你得改变消费者。等一等！消费者？那就是我啊，你是说我才是需要改变的那个人吗？

对消费者的最初定义是“破坏者，或者指通过对物品的使用进行消耗的人、铺张浪费地花费和占用物品的人”。如果全世界的消耗速度都跟我们美国人一样，那得有7个地球才够。我们在商场里购买的物品中有90%只消60 ~ 90天就会被扔进垃圾堆里。[51] 难怪我们不再被称为公民，而是被称为消费者。消费者是个很适合我们的称呼，我们的政治家和公司领导们反映出了我们成了什么样的人。美国人的平均阅读能力仅停留在八年级水平，[52] 将近50%的美国人不相信进化论。[53] 我们有这样的政府，那是咎由自取。

众所周知，当今，以无穷无尽的消费和丢弃为基础的世界经济正在毁灭我们的地球。我们对此负有罪责。我们是“耗尽和破坏”资源的消费者。我们不断地购买我们想要却并不需要的东西，而且似乎永远不知餍足。

在这艰难的时期，我们见证着高科技、高风险和高毒性的经济体系造成的后果。对于我们作为狂热消费者的生活方式，我们中的许多人开始产生质疑。我们渴望着一种更简单的生活，这种生活并不是要拒绝所有科技，而是要回到那些恰当的科技上。

有美国这样赢者通吃、畸重畸轻的政府系统，加上大部分联邦政府和主流媒体都受到保守的反环境主义的操控，许多公民都被剥夺了公民权。如今，我们通过公开发表言论、互相联合、做志愿者，或者为这些团体提供经济支持来推进公民民主的需要更甚于以往，这样我们才能在民主政治中保留住发言权。

当我对我如今的公司进行一番审视，我发现我最大的挑战之一是克服自满心理。我始终说，我们是在巴塔哥尼亚会继续存在100年的假设下运营公司，但那并不意味着我们有100年的时间可以达到百年企业的水平！我们是否能成功和长存有赖于我们是否有迅速做出改变的能力。只有维持住一种紧迫感，才能不断变化和创新。这是一项高难度的任务，尤其是在巴塔哥尼亚看似从容不迫的企业文化里。实际上，我对公司管理者的一大要求就是鼓励改变。这是我们实现长期发展的唯一方式。

对于自然也是如此。自然在不断地进化，生态系统支持的是那些挺过了灾难性事件或经过了自然选择的具有足够适应能力的物种。一个健康的环境要运转，其对多样性和多元化的需求同企业的需求是一致的，成功的企业到处彰显多元化，而正是不断地致力于改变，才产生了多元化。

当前世界充满着扬扬自得的气象，无论是在企业界还是在环境方面。只有在生态系统的边缘，在那些外环，进化和适应才在以迅猛的态势发生着。而系统的中心是那些顽固不化、无法适应的物种，它们正在走向消亡，因为安于现状而注定会失败。企业也会经历相同的生命周期。传统公司位于环的中央，它们最终会因为自己的不端行为或者灾难性事件（比如萧条的经济形势或者未预见到的竞争）而消亡。只有那些带着紧迫感运营的企业才能在世上继续存活100年，它们在边缘舞蹈，不断进化，欢迎多样性和新的做事方法。

同样的比喻可以用于我们的社会，行动主义者们就是在那些外环活动的人，他们紧密敦促着那些活在中心、骄傲自满的保守人士。这些行动主义者知道，如果我们不迅速行动，我们就会失去赖以生存的星球。

从人类发展的某个时刻开始，个体们逐渐造成了目前的这堆烂摊子，这个烂摊子需要由我们来收拾。如果世界不会听取我作为个人的意见，或许他们会听一听由上千人组成的公司的声音。我不能对整个传统农业生产行业实施改革，但我可以保证巴塔哥尼亚只购买有机棉，我也可以说服其他公司购买有机棉。我们可以在我们的餐厅里争取只供应有机种植的产品。如果对可持续生长的产品的需求变得足够大，市场就会发生变化，企业就必须做出响应，随后政府就会跟上。

我自己并没有勇气成为站在前线的行动主义者。我支持了太多的慈善事业，如果我站在前线，恐怕会产生极强的挫败感。不过，我对行动主义有足够的信心，所以我掏了很多腰包来支持那些有勇气在前线工作的人。

我对罪恶的定义与许多人有所不同。罪恶不一定是种蓄意公然的行为，它可以仅仅是善的缺席。如果你有能力、有资源，而且有机会做善事，但你却什么都没做，那可能就是罪恶。

美国梦就是拥有自己的企业，迅速地扩张企业直到可以将它卖出好价钱，然后就隐退到休闲世界的高尔夫球场上。企业本身才是真正的产品，你卖的是洗发水还是地雷倒并不重要。在员工培训、办公室儿童保育、污染控制和悦人的工作环境方面进行长期投资，都会对短期账簿造成负面影响。当公司变成一块有待收割的肥肉，就会被卖掉盈利，公司的资源和持有的财产往往就会遭到破坏和瓦解，被牵涉的家庭和当地经济的长期健康也会因此遭到毁损。公司是件待价而沽的产品，这个观点影响着社会的所有其他领域。

当你挥去了要在最短的时间内将公司卖给出价最高的人的想法，公司今后的决策就都会受到影响。老板和管理者发现，既然公司会比他们存续更久，他们就肩负着比仅仅盈利还要多的责任。或许，他们甚至会将自己视为公司文化、资产，当然还有员工的管理者和保护人。

过去有那么多好的团体指引着我们的生活，如社交俱乐部、宗教、运动队、街坊和小家庭，这些团体把我们团结在一起，为我们带来了一种归属感，让我们为了一个共同的目标奋斗。随着这些团体的减少，一股确凿无疑的空虚感开始徘徊在我们的生活中。人们仍然需要伦理道德，需要感觉到自己在社会中充当着某个角色。如果企业能让员工和顾客感觉到它了解自己的伦理责任，也可以帮助员工和顾客承担起他们的伦理责任，那么企业就可以填补这种空虚。

图139

图140

图 139：克莱尔·彭诺耶·乔伊纳德（Claire Pennoyer Chouinard）在一只灰背隼高高的窝里。
1987 年，魁北克卡斯卡皮迪亚河（Cascapedia River），伊冯·乔伊纳德 / 摄
图 140：弗莱彻·乔伊纳德和格里·洛佩兹在讨论冲浪板的板身形状。 蒂姆·戴维斯 / 摄

巴塔哥尼亚永远没法做到对社会完全负责，永远没法生产出完全可持续、不造成任何破坏的产品，但它一直在矢志不渝地尝试。

很难想象有一种经济可以满足所有的70亿人，同时又不破坏地球。就现状来说，我们正在按存在一个半星球的资源的前提下使用资源，我们的消耗速度远远高于可持续发展的要求。然而，到2050年，这个水平预计会提高到三个半到五个星球。[54] 我们似乎注定要没完没了地重复使用失败的体制，希冀着这回能管用。如果重复相同的举动却又期待出现不同的结果是精神错乱的一种表现，那我们该怎么办？我们当然应该用破坏性更小、更干净的技术替代效率低下、产生污染的旧技术，但这并不能真正解决问题，因为我们想在有限的星球上永不停歇地进行扩张式的发展。

就因为社会一意孤行地要变得复杂不堪，最终我们让自己陷入窘境，但那并不意味着我们必须陷入那种境地。我们可以回过身去，向前迈出戴维·布劳尔所说的那一步。

在我看来，**如果关于如何解决地球危机的问题存在答案，那么，答案肯定是与这些词有关：克制、品质、简单。**增长总是好的，这种想法我们必须改变，长肥和长壮显然有很大区别。

我们知道我们需要在这个有限的星球上减少消耗，然而，如果我们真的减少了消耗，人们将会失去工作。不过，随着自动化、机器人和科技的发展，可能工作机会本来也就不剩下多少了。或许，如果我们只购买我们需要的而不是想要的东西，如果我们确定我们最终买到手的东西是多功能的、耐用的，是可以修理的，品质上乘又不会过时，可以一直用到传给下一代，那么我们或许就可以让一些人有活儿可干了。

我知道，花40个小时制作出漂亮、实用的藤条飞钓竿的手艺人始终会有活儿可干。我也可以想到旧方式没有被新科技超越的例子。

想想看，“绿色革命”的农民开着他装了空调的拖拉机，生产着低劣甚至有毒的食物；将他们与采用小规模有机种植的农民或者园丁比较一下，后者使用着手动工具，跟在他训练有素的耕马、耕牛后面漫步，享受着其中的快意和乐趣。

我的一些朋友冲浪时使用的是夏威夷毕夏普博物馆（Bishop Museum）馆藏的18世纪木质冲浪板的复制品。这些冲浪板又薄又平，没有稳定鳍，像熨衣板一样。但我的朋友们驾着这样的板，比99%使用现代塑料板的冲浪者都做得好。

从头顶大水坛的非洲妇女到用宽背带背负双份行李（约50公斤）的夏尔巴人，世界各地的职业搬运工都是把搬运的货物顶在头上的。实际上，联合国进行的一项研究证明，在效率上，用这样的传统方式运送货物要比使用高科技的现代背包高出50%。

詹姆斯·凯尔德（James Caird）这个沙克尔顿（Shackleton）的救生船上的随船木匠，在从南极洲到南乔治亚岛（South Georgia Island）的航行中，只随身携带了三件简单的手动工具。因为他知道，如果他需要，仅凭那些工具就可以再造出一艘船来。

我相信，要让任何事业至臻完美，就要致力于追求简单，用知识取代复杂的技术。**你懂得越多，需要的东西就越少。**

图141

图 141：我、迪克·道沃思（Dick Dorworth）和道格·汤普金斯在菲茨罗伊峰顶。1968 年，克里斯·琼斯 / 摄

图142

图 142：大卫·爱德华兹（Dave Edwards）/ 摄

致谢

感谢我的侄子文森特·斯坦利（Vincent Stanley），他曾经运营巴塔哥尼亚的批发业务、撰写商品目录文案，且一直担任 Patagonia，Inc. 的历史学家。感谢我的编辑和朋友查理·克雷黑德（Charlie Craighead）、约翰·达顿（John Dutton），他们奇迹般地梳理了我乱糟糟的思路。感谢道格·汤普金斯和苏西·汤普金斯·布埃尔，他们为我的创作提供了条件。感谢克丽丝·麦克迪维特·汤普金斯，多年来她一直做着费力不讨好的工作。还要谢谢巴塔哥尼亚优秀的全体员工，无论是已经离开的员工，还是仍然在职的员工，是他们将我们的信念用语言表达出来。

图143

图 143：一个刚刚打造出来的岩钉。 乔伊纳德 / 收藏

图 144：乔伊纳德设备公司第一份商品目录的封面。

图 145：菲茨罗伊峰。 钟善宇 / 摄

图 146：乔希·沃顿（Josh Wharton）踏上了加拿大艾伯塔的坦普尔山（Mount Temple）格林伍德洛克路线（Greenwood Locke）的最后一段Z字形路线。 米基·谢弗（Mikey Schaefer）/ 摄

图147

图 147：在阿根廷火地岛的弗格纳湖（Lago Fagano）上抛出鱼线。 道格·汤普金斯/摄

图 148：道格·汤普金斯在苏格兰的地狱烟囱（Hell's Lum）。这是我拍过的最好的照片，但艺术老师马琳达说这张照片的成功要归功于照片里一系列的弧线。 伊冯·乔伊纳德／摄

图 149：我最钟爱的形象大使之一——基米·沃纳（Kimi Werner）。她跟她周遭的环境如此融洽，她看着这头母大白鲨的眼睛，知道这样很安全。瓜达卢普岛（Guadalupe Island），克里斯·韦德（Chris Wade）/摄

图 150：沿海地区具有独特基因的狼正在吃鲱鱼卵。不列颠哥伦比亚北海岸，伊恩·麦卡利斯特（Ian McAllister）/摄

图 155：弗莱彻·彭诺耶·乔伊纳德在墨西哥埃斯孔迪多港（Puerto Escondido）测试冲浪板的耐用性。 2003 年，鲁本·碧娜（Ruben Piña）/ 摄

图 156

图 156：自然将取得最后的胜利。 莱恩·肯尼迪（Layne Kennedy）/ 摄

LET MY PEOPLE GO SURFING

译者后记

The Education of a Reluctant Businessman

2016年，上海的秋天反常地多雨，这几年入冬也越来越迟缓。西班牙语的课堂上，我的西语老师也说，形容小城萨拉曼卡（Salamanca）气候的谚语“九月冬季，三月地狱”（Nueve meses de invierno y tres de infierno）已经不再适用了，因为冬天正变得越来越温暖。毫无疑问，我们每个人似乎都或多或少地感受到了气候的变化。气候变化、环境问题，这些都是关乎我们每个人以及我们后代的生存质量的重要议题。

即便对于全球变暖问题还存在着诸多争执，但普通民众还是不得不对这个话题和其可能造成的影响有所认识。负责任地生存，不仅仅是为了我们自己，也是为了我们的后代，为了在地球上生存着的其他生物，为了我们的地球。

对热爱自然和户外活动的人来说，对地球环境的保护又更多了一层意义，关注地球的健康就如同关注我们自己的健康一样重要且必要。这样的一份自然之爱正是巴塔哥尼亚公司的创始人伊冯·乔伊纳德跨入商界后坚持不变的初心。纵观巴塔哥尼亚的历史，无论是在最初的“乔伊纳德设备公司”时期弃用岩钉转而生产和推广不会损坏岩石的岩塞，还是之后推出的前所未有的万维修补服务、该服务背后不鼓励快速消费的理念、对草根环保组织的支持，以及“1%地球税”的确立，无一不是围绕着保护环境、节约地球资源、实现可持续发展这些主题进行的。

LET MY PEOPLE GO SURFING

译者后记

The Education of a Reluctant Businessman

2016年，上海的秋天反常地多雨，这几年入冬也越来越迟缓。西班牙语的课堂上，我的西语老师也说，形容小城萨拉曼卡（Salamanca）气候的谚语“九月冬季，三月地狱”（Nueve meses de invierno y tres de infierno）已经不再适用了，因为冬天正变得越来越温暖。毫无疑问，我们每个人似乎都或多或少地感受到了气候的变化。气候变化、环境问题，这些都是关乎我们每个人以及我们后代的生存质量的重要议题。

即便对于全球变暖问题还存在着诸多争执，但普通民众还是不得不对这个话题和其可能造成的影响有所认识。负责任地生存，不仅仅是为了我们自己，也是为了我们的后代，为了在地球上生存着的其他生物，为了我们的地球。

对热爱自然和户外活动的人来说，对地球环境的保护又更多了一层意义，关注地球的健康就如同关注我们自己的健康一样重要且必要。这样的一份自然之爱正是巴塔哥尼亚公司的创始人伊冯·乔伊纳德跨入商界后坚持不变的初心。纵观巴塔哥尼亚的历史，无论是在最初的“乔伊纳德设备公司”时期弃用岩钉转而生产和推广不会损坏岩石的岩塞，还是之后推出的前所未有的万维修补服务、该服务背后不鼓励快速消费的理念、对草根环保组织的支持，以及“1%地球税”的确立，无一不是围绕着保护环境、节约地球资源、实现可持续发展这些主题进行的。

翻译本书的过程对我来说也是一次大开眼界的经历，它让我看到在个人之外，一家公司是如何在其发展过程中做到将环保议题置于中心位置的，更重要的是，它生存了下来，而且它的生存并没有以牺牲自己的经营哲学为代价。同将追求利益最大化作为第一原则相反，为了维护自己的初心，他们限制了自己的发展规模，因为他们意识到，如果扩大规模，就不得不进行一定程度的妥协，他们曾经尝到过这样的苦果。这样的选择与坚持可持续发展而非将利益置于第一位的掠夺式发展是并行不悖的。随着商业社会的发展，如果不想走向大规模的批量式生产，小规模的作坊式生产似乎便会越来越难以为继。从这方面来说，巴塔哥尼亚的坚持和成功无疑是鼓舞人心的。

经商和开办公司是件严肃的事情，但伊冯·乔伊纳德这位“奇葩”总裁却建立了一种轻松的公司氛围。员工可以穿自己舒服的衣服和鞋上班，不必西装革履；以完成工作为前提，员工可以自由地在工作时间冲浪、跑步或者进行其他感兴趣的运动；公司还开设了育儿中心，爸爸妈妈可以去那里陪自己的孩子睡午觉；他们甚至推动了关于产假的联邦法律的制定。现在看起来，这种轻松的企业文化似乎已经开始渐渐为人熟识了，但巴塔哥尼亚即便不是第一家推行这样公司文化的企业，也必定是这方面的先锋。

无论是选择购买巴塔哥尼亚产品的顾客，还是选择为巴塔哥尼亚工作的员工，都是在选择一种同巴塔哥尼亚的经营哲学相契合的生活方式。他们的顾客即便已经穿坏了从巴塔哥尼亚购买的服装，有些也不会丢弃，而是选择去巴塔哥尼亚的修理站修理，有些会按照巴塔哥尼亚提供的指南自行维护修理。他们的员工或许也正是因为不愿妥协掉自己热爱自由和户外活动的生活方式，才会选择这样一份工作。

即便不是商界人士，我们也能从巴塔哥尼亚的发展故事中得到某种启迪。对我来说，巴塔哥尼亚或许便是“不忘初心”这 4 个字的最好诠释之一。当心理学试图引导我们走向内心，“由内而外”地发展自我时，巴塔哥尼亚为我们提供了一个成功实例。虽然它是一家公司，不是一个具体的人，但它正是由诸多坚持初心、爱其所爱的个人组成的，它也同时在精神和物质上支持了许多这样的组织和个人。它让我们看到，从自己的热爱出发，为这个世界带来影响不仅仅是可能的，而且是积极的。被这个世界和诸多已经建立的制度形塑并不是唯一的人生道路，愿更多的人可以读到巴塔哥尼亚的故事，并从中受到鼓舞。

本书在翻译过程中，我得到了王烨、肖斌、周娇、顾锋和张苏梅的帮助，特别在此表示感谢。

湛庐文化
Cheers Publishing
a mindstyle business 与思想有关

湛庐，与思想有关……

如何阅读商业图书

商业图书与其他类型的图书，由于阅读目的和方式的不同，因此有其特定的阅读原则和阅读方法，先从一本书开始尝试，再熟练应用。

阅读原则1 二八原则

对商业图书来说，80% 的精华价值可能仅占 20% 的页码。要根据自己的阅读能力，进行阅读时间的分配。

阅读原则2 集中优势精力原则

在一个特定的时间段内，集中突破 20% 的精华内容。也可以在一个时间段内，集中攻克一个主题的阅读。

阅读原则3 递进原则

高效率的阅读并不一定要按照页码顺序展开，可以挑选自己感兴趣的部分阅读，再从兴趣点扩展到其他部分。阅读商业图书切忌贪多，从一个小主题开始，先培养自己的阅读能力，了解文字风格、观点阐述以及案例描述的方法，目的在于对方法的掌握，这才是最重要的。

阅读原则4 好为人师原则

在朋友圈中主导、控制话题，引导话题向自己设计的方向去发展，可以让读书收获更加扎实、实用、有效。

阅读方法与阅读习惯的养成

（1）回想。阅读商业图书常常不会一口气读完，第二次拿起书时，至少用 15 分钟回想上次阅读的内容，不要翻看，实在想不起来再翻看。严格训练自己，一定要回想，坚持 50 次，会逐渐养成习惯。

（2）做笔记。不要试图让笔记具有很强的逻辑性和系统性，不需要有深刻的见解和思想，只要是文字，就是对大脑的锻炼。在空白处多写多画，随笔、符号、涂色、书签、便签、折页，甚至拆书都可以。

（3）读后感和 PPT。坚持写读后感可以大幅度提高阅读能力，做 PPT 可以提高逻辑分析能力。从写读后感开始，写上 5 篇以后，再尝试做 PPT。连续做上 5 个 PPT，再重复写三次读后感。如此坚持，阅读能力将会大幅度提高。

（4）思想的超越。要养成上述阅读习惯，通常需要 6 个月的严格训练，至少完成 4 本书的阅读。你会慢慢发现，自己的思想开始跳脱出来，开始有了超越作者的感觉。比拟作者、超越作者、试图凌驾于作者之上思考问题，是阅读能力提高的必然结果。

扫码关注湛庐文化，
回复“阅读”
这5种方法，让读过的书变成你的影子

[特别感谢：营销及销售行为专家 孙路弘 智慧支持！]

我们出版的所有图书，封底和前勒口都有“湛庐文化”的标志

湛庐文化 Cheers Publishing

a mindstyle business 与思想有关

并归于两个品牌

财富汇　　心视界

找“小红帽”

为了便于读者在浩如烟海的书架陈列中清楚地找到湛庐，我们在每本图书的封面左上角，以及书脊上部 47mm 处，以红色作为标记——称之为**“小红帽”**。同时，封面左上角标记**“湛庐文化 Slogan”**，书脊上标记**“湛庐文化 Logo”**，且下方标注图书所属品牌。

湛庐文化主力打造两个品牌：**财富汇**，致力于为商界人士提供国内外优秀的经济管理类图书；**心视界**，旨在通过心理学大师、心灵导师的专业指导为读者提供改善生活和心境的通路。

阅读的最大成本

读者在选购图书的时候，往往把成本支出的焦点放在书价上，其实不然。

时间才是读者付出的最大阅读成本。

阅读的时间成本=选择花费的时间+阅读花费的时间+误读浪费的时间

湛庐希望成为一个“与思想有关”的组织，成为中国与世界思想交汇的聚集地。通过我们的工作和努力，潜移默化地改变中国人、商业组织的思维方式，与世界先进的理念接轨，帮助国内的企业和经理人，融入世界，这是我们的使命和价值。

我们知道，这项工作就像跑马拉松，是极其漫长和艰苦的。但是我们有决心和毅力去不断推动，在朝着我们目标前进的道路上，所有人都是同行者和推动者。希望更多的专家、学者、读者一起来加入我们的队伍，在当下改变未来。

湛庐文化获奖书目

《大数据时代》

国家图书馆“第九届文津奖”十本获奖图书之一

CCTV“2013中国好书”25本获奖图书之一

《光明日报》2013年度《光明书榜》入选图书

《第一财经日报》2013年第一财经金融价值榜“推荐财经图书奖”

2013年度和讯华文财经图书大奖

2013亚马逊年度图书排行榜经济管理类图书榜首

《中国企业家》年度好书经管类TOP10

《创业家》“5年来最值得创业者读的10本书”

《商学院》“2013经理人阅读趣味年报•科技和社会发展趋势类最受关注图书”

《中国新闻出版报》2013年度好书20本之一

2013百道网•中国好书榜•财经类TOP100榜首

2013蓝狮子•腾讯文学十大最佳商业图书和最受欢迎的数字阅读出版物

2013京东经管图书年度畅销榜上榜图书，综合排名第一，经济类榜榜首

《牛奶可乐经济学》

国家图书馆“第四届文津奖”十本获奖图书之一

搜狐、《第一财经日报》2008年十本最佳商业图书

《影响力》（经典版）

《商学院》“2013经理人阅读趣味年报•心理学和行为科学类最受关注图书”

2013亚马逊年度图书分类榜心理励志图书第八名

《财富》鼎力推荐的75本商业必读书之一

《人人时代》（原名《未来是湿的》）

CCTV《子午书简》•《中国图书商报》2009年度最值得一读的30本好书之“年度最佳财经图书”

《第一财经周刊》• 蓝狮子读书会•新浪网2009年度十佳商业图书TOP5

《认知盈余》

《商学院》“2013经理人阅读趣味年报•科技和社会发展趋势类最受关注图书”

2011年度和讯华文财经图书大奖

《大而不倒》

《金融时报》• 高盛2010年度最佳商业图书入选作品

美国《外交政策》杂志评选的全球思想家正在阅读的20本书之一

蓝狮子•新浪2010年度十大最佳商业图书，《智囊悦读》2010年度十大最具价值经管图书

《第一大亨》

普利策传记奖，美国国家图书奖

2013中国好书榜•财经类TOP100

《真实的幸福》

《第一财经周刊》2014年度商业图书TOP10

《职场》2010年度最具阅读价值的10本职场书籍

《星际穿越》

国家图书馆“第十一届文津奖”十本奖获奖图书之一

2015年全国优秀科普作品三等奖

《环球科学》2015最美科学阅读TOP10

《翻转课堂的可汗学院》

《中国教师报》2014年度“影响教师的100本书”TOP10

《第一财经周刊》2014年度商业图书TOP10

湛庐文化 Cheers Publishing
a mindstyle business 与思想有关

湛庐文化获奖书目

《爱哭鬼小隼》
国家图书馆"第九届文津奖"十本获奖图书之一
《新京报》2013年度童书
《中国教育报》2013年度教师推荐的10大童书
新阅读研究所"2013年度最佳童书"

《群体性孤独》
国家图书馆"第十届文津奖"十本获奖图书之一
2014"腾讯网·啖书局"TMT十大最佳图书

《用心教养》
国家新闻出版广电总局2014年度"大众喜爱的50种图书"生活与科普类TOP6

《正能量》
《新智囊》2012年经管类十大图书，京东2012好书榜年度新书

《正义之心》
《第一财经周刊》2014年度商业图书TOP10

《神话的力量》
《心理月刊》2011年度最佳图书奖

《当音乐停止之后》
《中欧商业评论》2014年度经管好书榜·经济金融类

《富足》
《哈佛商业评论》2015年最值得读的八本好书
2014"腾讯网·啖书局"TMT十大最佳图书

《稀缺》
《第一财经周刊》2014年度商业图书TOP10
《中欧商业评论》2014年度经管好书榜·企业管理类

《大爆炸式创新》
《中欧商业评论》2014年度经管好书榜·企业管理类

《技术的本质》
2014"腾讯网·啖书局"TMT十大最佳图书

《社交网络改变世界》
新华网、中国出版传媒2013年度中国影响力图书

《孵化Twitter》
2013年11月亚马逊（美国）月度最佳图书
《第一财经周刊》2014年度商业图书TOP10

《谁是谷歌想要的人才？》
《出版商务周报》2013年度风云图书·励志类上榜书籍

《卡普新生儿安抚法》（最快乐的宝宝1·0~1岁）
2013新浪"养育有道"年度论坛养育类图书推荐奖

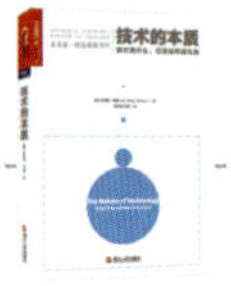

湛庐文化 Cheers Publishing
a mindstyle business 与思想有关

延伸阅读

《负责任的企业》

◎《负责任的企业》是伊冯·乔伊纳德的另一本著作。
◎ 它刷新了人们的价值观，引发人们对商业模式和消费方式的新思考。
◎ 这本书将告诉你，经济活动应当减轻这个时代所面临的环境和社会危机，以及企业如何在不丧失其灵魂的前提下盈利，并在百年后基业长青！

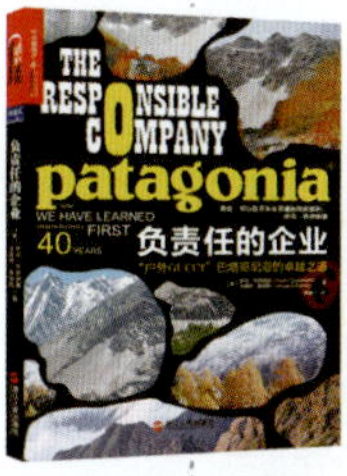

扫码直达本书购买链接

《塞氏企业》

◎ 作为一家制造上千种产品的跨国企业，塞氏企业实现了年均 27.5% 的增长，它是年轻人最愿意加入的企业，它是如何做到的？
◎ 在互联网思维的冲击下，企业该如何生存和发展？《塞氏企业》为现代企业提供了一条改革与创新之路。

扫码直达本书购买链接

《伟大的挣扎》

◎ 在《伟大的挣扎》中，巴达拉克从一个独特的视角审视了如今的领导者所面临的挑战。
◎ 如今，想成为一个负责任且成功的领导者，“责任型领导力”至关重要。
◎ 针对创业维艰之际的 5 大问题，书中通过研究和采访过去和现在的企业家们，教会我们如何在变化无常和充满未知的环境中去斗争并获得成功。

扫码直达本书购买链接

《商界局外人》

◎《福布斯》杂志号召“美国商界人士人手一本”的杰作。
◎ 威廉·桑代克通过研究 8 位伟大 CEO，发掘出他们的特质，为我们提供了深化商业理解的全新视角以及改善企业经营成效的全新方法。
◎ 对于如何寻找中国自己的商界局外人，这本书也能为投资者提供很有价值的指导。

扫码直达本书购买链接

图书在版编目（CIP）数据

冲浪板上的公司：巴塔哥尼亚的创业哲学 /（美）乔伊纳德著；沈慧译 .—杭州：浙江人民出版社，2017.3

ISBN 978-7-213-07892-7

Ⅰ . ①冲…　Ⅱ . ①乔…　②沈…　Ⅲ . ①服装工业 – 工业企业管理 – 经验 – 美国　Ⅳ . ① F471.268

中国版本图书馆 CIP 数据核字（2017）第 010766 号

浙江省版权局
著作权合同登记章
图字 : 11-2016-217 号

上架指导：经营管理 / 商业

冲浪板上的公司：巴塔哥尼亚的创业哲学

［美］伊冯·乔伊纳德　著

沈　慧　译

出版发行：浙江人民出版社（杭州体育场路 347 号　邮编　310006）
市场部电话：（0571）85061682　85176516

集团网址：浙江出版联合集团　http://www.zjcb.com

责任编辑：朱丽芳

责任校对：杨　帆

印　　刷：中国电影出版社印刷厂

开　　本：720 毫米 ×965 毫米 1/16　　印　　张：20

字　　数：302 千字　　插　　页：1

版　　次：2017 年 3 月第 1 版　　印　　次：2017 年 3 月第 1 次印刷

书　　号：ISBN 978-7-213-07892-7

定　　价：79.90 元

如发现印装质量问题，影响阅读，请与市场部联系调换。